高素质农民培训教材

农业生产经营

法律风险防范

广西农业广播电视学校　组织编写

王溪蔓　主　编

广西科学技术出版社

图书在版编目（CIP）数据

农业生产经营法律风险防范 / 王溪蔓主编 . —南宁：广西科学技术出版社，2023.12
ISBN 978-7-5551-2083-4

Ⅰ.①农… Ⅱ.①王… Ⅲ.①农业法—研究—中国 Ⅳ.① D922.44

中国国家版本馆 CIP 数据核字（2023）第 225857 号

NONGYE SHENGCHAN JINGYING FALU FENGXIAN FANGFAN
农业生产经营法律风险防范

广西农业广播电视学校　组织编写

王溪蔓　主编

责任编辑：黎志海　张　珂　　　　　责任校对：吴书丽
责任印制：陆　弟　　　　　　　　　封面设计：梁　良

出 版 人：梁　志
出版发行：广西科学技术出版社　　　　社　　址：广西南宁市东葛路66号
网　　址：http://www.gxkjs.com　　　　邮政编码：530023

经　　销：全国各地新华书店
印　　刷：广西万泰印务有限公司

开　　本：787mm×1092mm　1/16
字　　数：171千字　　　　　　　　印　　张：9.25
版　　次：2023年12月第1版　　　　印　　次：2023年12月第1次印刷
书　　号：ISBN 978-7-5551-2083-4
定　　价：30.00元

《高素质农民培训教材》

编委会

主　　任：李如平

副 主 任：左　明　韦敏克　霍拥军

委　　员：林衍忠　莫　霜　梁永伟　马桂林

　　　　　何　俊　杨秀丽

本册编写人员名单

主　　编：王溪蔓

副 主 编：陈　贞　廖　军

编 写 人 员：兰显刚　韦林松　何才斌　陈珂鹏

　　　　　黄冠然　俞　琨　梁运干　石　璐

　　　　　程　檬　补　文

编写人员单位：广西同望律师事务所

本册主编简介

王溪蔓，广西同望律师事务所高级合伙人，广西律师协会劳动与保障法专业委员会副主任，中华全国律师协会劳动与保障法专业委员会委员。长期专注于企事业单位法律风险防范及合规管理法律实务，常年担任多家从事农业生产经营企业的法律顾问。作为高素质农民培育工程全国师资库成员、广西高素质农民培育法律服务基地服务律师，曾为"广西乡村企业家人才（高素质农民）培训班"以"民法典与乡村企业家法律风险防范"为主题授课，为"2020中组部、农业农村部实用人才带头人创业富民示范培训班"以"民法典如何影响我们的日常生活"为主题授课，通过桂农耘和云上智农线上教育平台提供"农业企业用工风险与成本管控策略"培训课程。

目　录

第一章　概述：农业生产经营中学法用法的重要性

【学习目标】1. 认识学法用法的重要性；2. 了解从事农业生产经营活动需主动学习、不断更新法律知识的重要性；3. 树立依法经营的观念，不断提升法律风险的识别能力。

2022 年 4 月，互联网上一则关于"农民网上卖烧白被判退一赔十"的新闻引起广泛的关注。据该新闻报道，重庆某土特产经营部在互联网上卖"烧白"这种特殊菜肴，以达到推广当地美食和劳动致富的目的；但因销售的 150 份烧白、粉蒸肉、回锅肉等均无产品名称、生产日期、生产经营者名称和地址等标识，违反了《重庆市食品生产加工小作坊和食品摊贩管理条例》以及《中华人民共和国食品安全法》（以下简称"食品安全法"）等相关规定，属于不符合食品安全标准的食品，被法院判决退还购买人购物款 4499.16 元，并支付 10 倍的赔偿金 44991.6 元。

该案件涉及的法律问题与人们的日常生产生活息息相关，案情虽简单，冲突却很大。涉案农民喊冤，网友吐槽农民被套路，维权人认为自己正义感满满，法官判决有理有据。该案引发社会对"职业打假人"的关注。在司法实践中，职业打假人因为"知假买假"，是否为"消费者"一直存在争议。有的法院认定职业打假人属于消费者，支持其索赔请求；有的法院则认为职业打假人不属于"为生活消费需要购买商品"的消费者，驳回其诉讼请求，或不支持其要求商家退还货款的诉讼请求。

该案的各方似乎都有理，还牵出"案中案"。土特产经营部向媒体控诉打假人是"敲诈勒索"；而这位职业打假人以诽谤为由又一次将对方告上了法庭，并索赔精神损失费和差旅费。如此"维权"与"侵权"的较量、"法"与"情"的交涉，使当事人陷入诉累。究其起因，还是土特产经营部在网上销售了"三无产品"。如果生产者、销售者学法知法，依法办理生产、销售手续，他们就不会陷入如此诉累。

可见，学法用法是高素质农民开展生产经营活动必需学习的一门重要课程。

一、学法用法是依法治国对高素质农民提出的要求

（一）人人学法懂法是建设法治社会的基本要求

党的二十大在擘画全面建成社会主义现代化强国宏伟蓝图时，对农业农村工作进行了总体部署。党的二十大报告强调，全面依法治国是国家治理的一场深刻革命，关系党执政兴国，关系人民幸福安康，关系党和国家长治久安。必须更好发挥法治固根本、稳预期、利长远的保障作用，在法治轨道上全面建设社会主义现代化国家。党的二十大报告还指出，要加快建设法治社会。法治社会是构筑法治国家的基础。弘扬社会主义法治精神，传承中华优秀传统法律文化，引导全体人民做社会主义法治的忠实崇尚者、自觉遵守者、坚定捍卫者。深入开展法治宣传教育，增强全民法治观念，努力使尊法学法守法用法在全社会蔚然成风。

2022年12月23～24日，习近平总书记在中央农村工作会议上的讲话中强调，要完善党组织领导的自治、法治、德治相结合的乡村治理体系，让农村既充满活力又稳定有序。要加强农村精神文明建设，加强法治教育，推进移风易俗，引导农民办事依法、遇事找法、解决问题用法、化解矛盾靠法，自觉遵守村规民约。

作为农业生产经营的主要参与者，高素质农民也应主动学习和领悟习近平法治思想，深刻感受法律对农业生产经营的重要性，学法知法，做农业生产的用法者，不断提升办事依法、遇事找法、解决问题用法、化解矛盾靠法的能力。

（二）我国法律体系不断完善，法律法规不断修订更新，人民需要持续学法用法

我国加强法治国家、法治社会建设，势必不断完善法律体系建设，不断修订法律法规或出台新法规。据统计，截至2023年10月24日十四届全国人大常委会第六次会议闭幕，我国现有法律共299件，其中宪法（1件）、宪法相关法（52件）、民法商法（24件）、行政法（96件）、经济法（83件）、社会法（28件）、刑法（4件）、诉讼与非诉程序法（11件）。

近年来，每年都有新法律法规出台或修订法规。2022年，我国制定《中华人民共和国黄河保护法》《中华人民共和国黑土地保护法》等法律6件，修改《中华人民共和国野生动物保护法》《中华人民共和国畜牧法》《中华人民共和国妇女权益保障法》《中华人民共和国农产品质量安全法》《中华人民共和国反垄断法》等法律10件；作出有关法律问题和重大问题的决定7件；作出法律解释1件；制定行政法规2件，修改行政法规16件，废止行政法规7件；制定司

法解释 17 件，修改司法解释 5 件，废止司法解释 5 件。

2023 年 1 ～ 6 月，修订后开始实施的法律有《中华人民共和国立法法》《中华人民共和国农产品质量安全法》《中华人民共和国畜牧法》《中华人民共和国野生动物保护法》《中华人民共和国妇女权益保障法》《中华人民共和国体育法》《中华人民共和国预备役人员法》《中华人民共和国黄河保护法》等。

新法出台，可能会废止部分法律。如《中华人民共和国民法典》（以下简称"民法典"）自 2021 年 1 月 1 日起施行，《中华人民共和国婚姻法》《中华人民共和国继承法》《中华人民共和国民法通则》《中华人民共和国收养法》《中华人民共和国担保法》《中华人民共和国合同法》《中华人民共和国物权法》《中华人民共和国侵权责任法》同时废止。

在宪法、法律不断完善的基础上，地方各级人民代表大会和地方各级人民政府还会出台法规、规章等。

面对如此宏大的法律法规体系且不断更新变化的形势，以及各级人民政府依法执政的法治环境，不学法就不懂法。如因不懂法而做了违法违规之事，被法律制裁时将后悔莫及；如因不懂法遭受他人侵犯或违法行政行为的侵害时，不知如何去合法维权，可能会"哑巴吃黄连"；采取不当维权或过激行为，导致受害人变为侵权人，更是不值得。因此，唯有学法用法，才能通过合法渠道维护自身权益、解决矛盾纠纷，才有可能获得安全感和幸福感。

（三）乡村振兴法治先行，对高素质农民提出了新要求

乡村振兴战略是事关农业、农村和农民长远发展的根本性战略，涉及农业现代化建设的方方面面，离不开法治的保障和助力。高素质农民要主动学法用法，树立法治信仰，才可能在乡村振兴大好形势下有所作为。

二、学法用法是高素质农民适应经济社会快速变化的时代需要

当今世界正经历百年未有之大变局，互联网、大数据、人工智能、第五代移动通信（5G）、云计算、区块链、元宇宙等新兴技术、新趋势，使整个社会运营效率大幅度提升，我们正面临新一轮科技革命和产业变革。习近平总书记在党的二十大工作报告中提出，实现碳达峰、碳中和是一场广泛而深刻的经济社会系统性变革。我们能理解到的，就是实现"双碳"将改变我国长期以来大量生产、大量消耗、大量排放的生产和消费模式，加快形成绿色低碳循环发展的经济体系和清洁低碳安全高效的能源体系，势必推进生产生活方式绿色转型。新兴技术与绿色低碳产业深度融合，促使人们增强生态环保意识、人与自然和谐相处意识，大多数人认同大健康理念。同时，传统的广告促销方式得到快速升级，抖音、微

信、微博等传播平台快速发展。然而，变革可能带来新的社会问题，人们意识的变革会导致新的矛盾与冲突，又会对法治提出新的要求。因此，为适应这个大变革的时代，持续学法用法是必要的。

正如前述案例中所呈现的社会经济变革环境，传统的销售模式向短视频或直播带货等网络销售新模式转变，针对这些销售新模式的相关法律或行政监管虽然暂时没有到位，但不会长久缺位。此前就有某网红因偷逃税被查，追缴税款上亿元；某明星夫妇网络直播卖货涉嫌网络传销，被查封的财产总计约 20 亿元。

为规范互联网广告活动，国家市场监督管理总局发布《互联网广告管理办法》，于 2023 年 5 月 1 日起施行。《互联网广告管理办法》除对弹出广告、直播卖货、明星网红虚假代言、利用算法推荐等方式发布互联网广告进行整治外，还规定了商品销售者或者服务提供者通过互联网直播方式推销商品或者服务，构成商业广告的，应当依法承担广告主的责任和义务，直播间运营者接受委托提供广告设计、制作、代理、发布服务的，直播营销人员接受委托提供广告设计、制作、代理、发布服务的应当依法承担广告经营者、广告发布者的责任和义务。新规定顺应新技术、新形势出台，学法用法也应当跟进。

三、学法用法有助于处理好家庭、邻里关系，创造和睦的乡邻生活环境，有利于开展生产经济活动

处理、解决"三农"矛盾和纠纷，需要正确运用法律知识。学法懂法，明白法律后果，自觉承担法律责任，诚信经营，有利于化解邻里矛盾，创造和谐的生产、生活环境。

四、学法用法是高素质农民运用法律武器保护自己的需要

学法能让高素质农民懂法，提升法律风险识别能力、预防法律风险能力。明白法律后果，懂得事前防范、收集保护证据等，及时处理，可避免损失和风险扩大；一旦出现纠纷和矛盾，也可通过自行协商、申请调解或诉讼解决。

基于此，本书精选相关案例，以案说法，直观地讲解法律知识、法律问题和法律风险，让读者学习、了解与生产经营、家庭生活相关的法律法规；通过对典型案例的分析，让读者学会运用所学指导实践，有效制订生产经营风险防范措施；增强读者守法用法的意识，培养安全生产底线思维；通过提出解决法律纠纷的办法或路径的建议，指导读者依法维护自身的合法权益，正确表达诉求，提高维权效率。

第二章 农业生产经营主体

【学习目标】1. 了解个体工商户、农民专业合作社、个人独资企业、合伙企业及公司等不同市场经营主体的法律特性；2. 认识不同市场经营主体在出现债务风险时可能承担的法律责任；3. 能结合生产经营需要，根据自身风险承受能力选择相应的市场经营主体开展生产经营活动。

案例 1 家庭农场的债务为何要个体经营者承担

一、基本案情

2018 年 10 月，朱某成立了大大家庭农场，依法登记为个体工商户。

2018 年 12 月，大大家庭农场和叮叮合作社签订《农村土地经营权流转合同》，约定叮叮合作社将村民小组土地流转给大大家庭农场用于农业生产、水产养殖、栽植苗木等；租期为 7 年，自 2019 年 1 月 1 日至 2025 年 12 月 31 日，租金为耕地每亩 510 元 / 年、水田每亩 255 元 / 年，租赁期间租金不变；大大家庭农场应在每年 12 月底前交付当年租金，若逾期 60 天仍未交全租金，叮叮合作社有权终止合同，并处理大大家庭农场项目范围内的所有附着物。

2021 年初，朱某欠付 2019 年部分租金和 2020 年租金。后来，叮叮合作社向朱某出具了《合同终止通知函》，要求大大家庭农场及时返还土地以及处理承包范围内的所有附着物，结清所拖欠的土地租金。朱某收函后并未按时返还土地和支付拖欠租金，叮叮合作社于是以大大家庭农场为被告提起诉讼。

法院审理后，判决解除《农村土地经营权流转合同》；朱某于本判决生效之日起 60 日内恢复涉案土地原状并向叮叮合作社归还案涉土地；朱某于本判决生效之日起 15 日内向叮叮合作社支付 2019 年剩余租金、2020 年 1 月 1 日至 2021 年 6 月 30 日土地租金及期后租金。

本案法院为何判决家庭农场的债务由朱某来承担？

二、案例分析

（一）个人从事生产经营，可依法登记为个体工商户

我国法律没有"家庭农场"这一市场主体。家庭农场可以根据经营情况，依法登记为个体工商户。根据民法典第五十四条、第五十六条的规定，自然人从事工商业经营，经依法登记为个体工商户。个体工商户可以起字号。个体工商户的债务，个人经营的，以个人财产承担；家庭经营的，以家庭财产承担；无法区分的，以家庭财产承担。

《促进个体工商户发展条例》第三十四条规定："个体工商户应当依法经营、诚实守信，自觉履行劳动用工、安全生产、食品安全、职业卫生、环境保护、公平竞争等方面的法定义务。对涉及公共安全和人民群众生命健康等重点领域，有关行政部门应当加强监督管理，维护良好市场秩序。"

本案中，朱某设立大大家庭农场，登记为个体工商户，大大家庭农场是其起的字号。

（二）《农村土地经营权流转合同》合法有效，大大家庭农场应按合同约定履行支付租金的义务

大大家庭农场长期拖欠租金，该行为已构成违约，应按合同约定承担违约责任。根据民法典第五百六十二条、第五百六十六条的规定，叮叮合作社有权要求解除流转合同，并要求大大家庭农场恢复所租土地原状、返还所租土地，付清租金。

（三）大大家庭农场的债务由经营者朱某承担

大大家庭农场依法登记为个体工商户，朱某作为经营者，须承担大大家庭农场的相关债务。如果本案进入法院强制执行阶段，根据《最高人民法院关于民事执行中变更、追加当事人若干问题的规定》的规定，个体工商户的字号为被执行人的，法院可直接执行该字号经营者的财产。

三、防范（或维权）建议

（1）经营者开展生产经营活动，根据生产经营情况需要注册相应的经营主体。个体工商户要依法经营和申报个人所得税，同时注意关注国家支持小微企业和个体工商户发展有关税费政策。

（2）经营者应注意对个人和家庭财产进行风险隔离。因为个体工商户的债务，个人经营的，以个人财产承担；家庭经营的，以家庭财产承担；无法区分的，以家庭财产承担。此外，个体工商户也要做好财务会计工作。

（3）经营者应注意经营风险，诚实守信地履行合同义务。农业生产经营过程中，如遭受自然灾害或市场变化等导致经营出现困难而违约时，可以主动与对方沟通协商，以取得对方谅解，调整合同对价或延后付款，签订补充协议，避免出现违约被追究责任的风险。

案例2　个人独资企业的债务应如何承担

一、基本案情

卢某于 2017 年 3 月成立大米家庭农场，依法登记为个人独资企业，主要业务为龙虾养殖。受季节因素影响，5～9月为养殖旺季，10月至翌年4月为养殖淡季。杜某在养殖旺季时去大米家庭农场做工，主要工作为做饭、倒地笼；农场人手不够时，也参与饲料加工工作。每天工钱80元，按天记工；每月按照做工天数领取劳务报酬。

大米家庭农场的饲料加工机器一般需要 2～3 人操作，一人在机器入料口处向前推鱼，一人用棍子向机器中捣鱼，另一人在机器出料口底下用桶接鱼。2020年9月4日，杜某与王某一起操作机器。杜某推鱼时用手拿鱼，致使右手受伤。卢某将其送至医院治疗，至 2020 年 9 月 26 日出院，医疗费共计 33485 元。后到医院复诊，挂号费及医疗费共计 1192 元。

2021 年 4 月，司法鉴定所出具《司法鉴定意见书》，鉴定意见为杜某因外伤导致右手手指多发性毁损伤，致残程度为九级，伤后误工期 90 日，护理期 30 日，营养期 30 日。杜某花费司法鉴定费用 280 元。卢某为杜某垫付医疗费 33485 元，另给付杜某现金 2500 元。

因医疗费用协商不成，2021 年 5 月，杜某向法院起诉。法院认为，杜某因本起事故所遭受的医疗费、住院伙食补助费、营养费、护理费、误工费、残疾赔偿金等各项损失共计 252720 元，由大米家庭农场承担 80%（即 202176 元），其余损失由杜某自行承担；卢某对大米家庭农场不能清偿的部分承担清偿责任。

二、案例分析

（一）大米家庭农场为个人独资企业，投资人以其个人财产对企业债务承担无限责任

《中华人民共和国个人独资企业法》（以下简称"个人独资企业法"）规定，个人独资企业是"由一个自然人投资，财产为投资人个人所有，投资人以其个人财产对企业债务承担无限责任的经营实体。"个人独资企业财产不足以清偿债务的，投资人应当以其个人的其他财产予以清偿。根据民法典第一百零二条、

第一百零四条规定，个人独资企业属于非法人组织，其财产不足以清偿债务的，其出资人或者设立人承担无限责任。个人独资企业法第四条规定："个人独资企业从事经营活动必须遵守法律、行政法规，遵守诚实信用原则，不得损害社会公共利益。个人独资企业应当依法履行纳税义务。"

（二）杜某与大米家庭农场之间存在劳务关系。杜某因做工受伤，大米家庭农场有过错，须承担责任

杜某在大米家庭农场做工，淡季时回家，旺季时来做事，按照实际做工天数计算报酬，与大米家庭农场之间形成劳务关系。大米家庭农场未保障雇员在工作中的人身安全，对雇员的职责划分不清，对杜某的人身损害存在过错。杜某在大米家庭农场做工已有较长时间，对该机器的危险性应有一定认识；作为成年人，在工作中未尽审慎注意义务，其自身亦存在一定过错。综合考虑双方过错及损害后果，大米家庭农场须承担相应责任。

（三）卢某作为投资人，对大米家庭农场财产不足以清偿的债务，以个人的财产承担清偿责任

如本案进入强制执行阶段，作为被执行人的个人独资企业，不能清偿生效法律文书确定的债务，申请执行人可以申请变更、追加其出资人为被执行人。个人独资企业出资人作为被执行人的，人民法院可以直接执行该个人独资企业的财产。

三、防范（或维权）建议

（1）认清个人独资企业的法律特性，根据生产经营情况注册相应的经营主体。个人独资企业主须依法经营和纳税。

（2）注意对投资人和家庭财产进行隔离，做好财务会计工作。

（3）经营者应注意经营风险，诚实守信地履行合同义务，注意加强安全生产管理。明确雇员的职责范围，通过安全告知、安全培训等方式保障雇员在工作中的人身安全。

（4）建议有条件的企业主购买雇主责任险。当工人在工作期间因工作的原因出现身体上的疾病或遭受意外伤害，由保险公司给雇主提供一定的赔偿。这样可将部分工伤风险责任转嫁给保险公司，确保雇员经济利益得到补偿。

案例 3　茶厂的债务，合伙人要承担责任吗

一、基本案情

某沱茶厂 2007 年成立，为普通合伙企业。2016 年 7 月 20 日，沱茶厂（甲方）与莲花公司、许某（乙方）签订了《转让协议》。协议约定，沱茶厂同意

将自己所有的茶厂土地约 26 亩转让给乙方（莲花公司和许某），转让总价款为 2200 万元，支付方式为：沱茶厂原借许某的 1000 万元冲抵转让款，另 1200 万元由乙方替沱茶厂偿还某信用社贷款 1200 万元；两项相抵后乙方不须再向甲方支付转让款。沱茶厂在信用社贷款 1200 万元，由沱茶厂积极配合乙方及信用社办理债权转让过户手续。

2017 年 1 月 20 日，沱茶厂将合伙人变更为张某与陈某，张某为沱茶厂的执行事务合伙人。

因《转让协议》签订后未实际履行，双方同意解除协议。后莲花公司、许某以沱茶厂拒绝配合向信用合作联社办理相关偿还贷款手续为由向法院起诉，要求沱茶厂向莲花公司、许某返还 1000 万元转让款，张某与陈某承担连带责任。

张某与陈某是否需承担沱茶厂的债务？

二、案例分析

（一）《转让协议》合法有效

《转让协议》系沱茶厂与莲花公司、许某的真实意思表示，未违反法律、行政法规的强制性规定，合法有效；因未实际履行，双方同意解除，故协议解除。

（二）《转让协议》已解除，沱茶厂应返还转让款 1000 万元

《转让协议》约定，原甲方借乙方 1000 万元的借款冲抵转让款。莲花公司、许某提供的转账记录、银行流水、借条及沱茶厂、张某、陈某提供的银行往来款凭证、转账记录，可证明沱茶厂执行事务合伙人张某与许某在 2016 年 7 月 20 日前有借款及其他经济往来，且在 2016 年 7 月 20 日签订《转让协议》时，明确之前张某与许某之间有 1000 万元借款，并约定 1000 万元借款冲抵转让款。由于 1000 万元借款已转化为转让款，现《转让协议》解除，应由沱茶厂向莲花公司及许某返还转让款 1000 万元。

（三）沱茶厂系合伙企业，合伙人张某、陈某须对沱茶厂的债务承担连带责任

民法典第一百零二条规定："非法人组织是不具有法人资格，但是能够依法以自己的名义从事民事活动的组织。非法人组织包括个人独资企业、合伙企业、不具有法人资格的专业服务机构等。"第一百零四条规定："非法人组织的财产不足以清偿债务的，其出资人或者设立人承担无限责任。法律另有规定的，依照其规定。"

《中华人民共和国合伙企业法》第二条规定："本法所称合伙企业，是指自然人、法人和其他组织依照本法在中国境内设立的普通合伙企业和有限合伙企业。普通合伙企业由普通合伙人组成，合伙人对合伙企业债务承担无限连带责任。本法对普通合伙人承担责任的形式有特别规定的，从其规定。有限合伙企业由普通合伙人和有限合伙人组成，普通合伙人对合伙企业债务承担无限连带责任，有限合伙人以其认缴的出资额为限对合伙企业债务承担责任。"

依照上述法律规定，张某、陈某作为沱茶厂的合伙人，应对沱茶厂需返还的转让款1000万元承担连带责任。

三、防范（或维权）建议

（1）认清合伙企业的法律特性。作为合伙企业的普通合伙人按照法律规定，对合伙企业的债务承担无限连带责任。因此，应根据生产经营情况和投资人的风险承受能力范围选择是否成立合伙企业。俗话说："生意好做，伙计难搭。"与人合伙做生意，还应考察合作伙伴的人品、资信状况，并订立好共享利益、共担风险的协议。

（2）合伙人还应注意将经营合伙企业的资产和家庭财产进行隔离。

案例4　有限合伙人的份额转让款怎么成了借款

一、基本案情

新农人合伙企业为有限合伙企业，合伙人张某为有限合伙人，合伙人田野公司为普通合伙人。2018年12月，张某与蔡某签订《合伙人财产份额转让协议》，约定张某以12万元将其持有新农人合伙企业的部分财产份额转让给蔡某；蔡某成为新农人合伙企业的有限合伙人，并应于协议生效3日内以转账或现金方式一次性支付给张某。本次财产份额转让完成后，蔡某享有优先合伙人权益，承担有限合伙人义务。

同日，蔡某向新农人合伙企业转账支付了12万元，新农人合伙企业向蔡某出具《权益确认书》，确认蔡某成为合伙企业的有限合伙人，合伙企业收到蔡某实缴入伙资金12万元；此次投资项目整体投资期预计36个月，蔡某选择的投资期为3个月，3个月预期年回报分红比例约为30%，到期后在7个工作日内按约定将本金和分红一次结清。

2019年11月，新农人合伙企业、张某共同向蔡某出具《承诺还款计划书》，内容：本公司及股东应付蔡某借款本金12万元及9个月利息，现承诺在

2020 年 3 月 31 日前退还本息；如到期未归还，张某愿承担连带偿还责任。2021 年 5 月，田野公司、张某又与蔡某签订《还款承诺书》，承诺共同在 2021 年 5 月 31 日前归还蔡某借款本金 12 万元及相应利息。

2021 年 9 月，蔡某将新农人合伙企业、张某、田野公司诉至法院，要求新农人合伙企业、张某共同向蔡某偿付借款本金 12 万元及相应利息，田野公司对新农人合伙企业、张某的上述债务承担连带清偿责任。

二、案例分析

（一）什么是有限合伙企业

合伙企业有普通合伙企业和有限合伙企业之分。有限合伙企业由普通合伙人和有限合伙人组成，普通合伙人对合伙企业债务承担无限连带责任，有限合伙人以其认缴的出资额为限对合伙企业债务承担责任。有限合伙人可用货币、实物、知识产权、土地使用权或者其他财产权利作价出资，类似于有限责任公司的股东。

（二）蔡某支付给新农人合伙企业的 12 万元，是转让款还是借款

如蔡某受让张某的合伙份额，应由蔡某向张某支付转让款，新农人合伙企业无需向蔡某还款。新农人合伙企业向蔡某出具的《权益确认书》明确蔡某的投资期限、到期收取固定回报，这种不承担经营风险的行为与合伙企业的合伙人应共同经营、共担风险的企业模式不符；后新农人合伙企业、张某出具的《承诺还款计划书》及田野公司、张某出具的《还款承诺书》确认借款并承诺还款，据此可认定，蔡某的 12 万元实质是向新农人合伙企业出借资金，属于借款。

（三）田野公司是否承担连带清偿责任

田野公司系新农人合伙企业的普通合伙人，合伙企业不能清偿到期债务的，田野公司应对新农人合伙企业的前述借款本息承担连带清偿责任。

三、防范（或维权）建议

（1）认清有限合伙企业的法律特性，了解有限合伙企业的有限合伙人、普通合伙人承担法律责任的形式。不管是普通合伙还是有限合伙，都应当签订相关协议，对合伙企业进行规范管理，防范债务风险。

（2）合伙人的投资款属于合伙企业财产，不能将企业财产与合伙个人的财产混同。

案例5　以土地承包经营权出资能否成为农民专业合作社成员

一、基本案情

某农民专业合作社成立于2010年6月，成员包括杨某、刘某某、黄某、李某某、张某某、陈某；出资总额为3万元，均为货币出资，其中杨某出资额1.5万元，其他成员出资额均为3000元。

2010年7月，某村村民委员会、王某、服务中心与农民专业合作社签订《土地入社合同》，约定：（1）王某以确权确利的土地承包经营权作价入股合作社，一亩为一股，800元/股，共3.5亩，地上设施不计入股份，但享受长期保底收益。（2）入社期限为21年，自2010年7月1日起至2031年7月1日止。（3）保底收益及分红：入社社员按股享受保底收益（本合同中所称保底收益皆包含土地入股收益800元/亩·年），每5年递增200元/亩。（4）农民专业合作社按合同约定核算保底收益。第一年支付时间为2010年10月1日，以后于每年的7月1日支付。

2018年7月1日，合作社向王某支付了2018年6月30日前的保底收益。此后未再支付。2020年8月14日，村民委员会、服务中心和王某向农民专业合作社发出《关于解除〈土地入社合同〉的联合声明》，内容为："一、你社未按照《土地入社合同》约定履行支付保底收益与分红的合同义务，已经构成根本违约，应当自收到本通知函之日起7日内，履行清缴欠付款项及滞纳金的违约责任；二、因你社已构成根本违约，我方正式与你社解除全部《土地入社合同》。"后王某起诉解除《土地入社合同》，并要求农民专业合作社支付保底收益。

法院最终判决：（1）确认《土地入社合同》于2020年8月14日解除；（2）专业合作社于判决生效后10日内向王某支付保底收益22564元。

二、案例分析

（一）王某是否可以以土地经营权出资成为农民专业合作社成员

《中华人民共和国农民专业合作社法》第二十一条第一项规定，农民专业合作社成员享有参加成员大会，并享有表决权、选举权和被选举权，按照章程规定对本社实行民主管理的权利。第二十四条规定，符合本法第十九条、第二十条规定的公民、企业、事业单位或者社会组织，要求加入已成立的农民专业合作社，应当向理事长或者理事会提出书面申请，经成员大会或者成员代表大会表决通过后，成为本社成员。第十九条规定，农民专业合作社应当置备成员名册，并报登记机关。

本案中，王某并未向农民专业合作社提出书面申请要求加入合作社，农民专业合作社亦未将王某登记为合作社成员。因此，王某并未成为农民专业合作社成员。

根据《土地入社合同》的约定，王某对入股的土地仍享有土地承包权，入社属于土地经营权的流转，王某可以取得保底收益和分红。上述约定与法律规定的农民专业合作社成员的特征不符，所以涉案土地不属于王某对农民专业合作社的出资。

（二）《土地入社合同》是否已解除

农民专业合作社自 2018 年 7 月 1 日后未再向王某支付保底收益，已经构成违约。《土地入社合同》实际上已无法继续履行；且王某、村民委员会与服务中心向农民专业合作社发送解除通知，《土地入社合同》在农民专业合作社收到《关于解除 < 土地入社合同 > 的联合声明》之日即 2020 年 8 月 14 日解除。

（三）农民专业合作社是否应向王某支付合同解除前的保底收益

《土地入社合同》约定了保底收益计算标准。农民专业合作社支付了 2018 年 6 月 30 日前的保底收益，合同实际于 2020 年 8 月 14 日解除，故农民专业合作社应向王某支付 2018 年 7 月 1 日至 2020 年 8 月 14 日期间的保底收益。

三、防范（或维权）建议

（1）农民专业合作社作为市场经营主体，应按《中华人民共和国农民专业合作社法》办理社员入社手续、规范合作社的财务管理。社员用实物、知识产权、土地经营权、林权等出资的，应评估作价并办理转让手续。

（2）农民专业合作社应依法合规开展经营活动。

案例 6 认缴出资的股东对公司债务需承担责任吗

一、基本案情

2019 年 4 月 10 日，陈某某和卢某某出资成立绿泉农业公司，从事百香果等农业生产。注册资本 1000 万元，法定代表人为陈某某。陈某某认缴注册资本 700 万元（持股 70%），卢某某认缴注册资本 300 万元（持股 30%），二人均未实际缴纳出资。

2019 年 7 月 24 日，当地县人民政府出具了《关于研究 ×× 县百香果产业发展有关问题的会议纪要》，同意山地美农公司与陈某某、卢某某在该县范围内合作发展百香果产业；同意山地美农公司按 10% 的股权进行投资入股，具体模式由双方协商落实。

2020 年 4 月 1 日，绿泉农业公司向山地美农公司借款 100 万元并签订《借款合同》，借款期限为 2020 年 4 月 1 日至 2031 年 3 月 31 日止。上述款项由山地美农公司按照绿泉农业公司的指示和委托全部代为支付，包括土地流转费用、建设费用支出以及民工工资等。

2021 年 3 月，山地美农公司向法院起诉，要求绿泉农业公司还款 100 万元及利息，股东陈某某、卢某某在绿泉农业公司认缴注册资金额度内承担连带责任。绿泉农业公司提出，向山地美农公司 100 万元借款实际是山地美农公司入股绿泉农业公司的投资款；卢某某认为其被冒名登记为绿泉农业公司股东，没有出资和实际参与经营管理、分享利润和承担风险的意思表示，未签署相关股东会决议、公司章程等文件，对绿泉农业公司借款事宜均不知情，依法不承担出资责任和赔偿责任。

法院最终判决绿泉农业公司于判决生效之日起 15 日内偿还山地美农公司借款 100 万元及相应逾期利息至履行完毕之日止。陈某某、卢某某在未出资本息范围内对绿泉公司的上述债务不能清偿部分承担补充赔偿责任。

二、案例分析

（一）山地美农公司与绿泉农业公司形成借款合同关系，不存在股权投资关系

山地美农公司与绿泉农业公司在平等自愿的情况下签订了《借款合同》，《借款合同》的内容没有违反法律法规的规定，该借款合同成立并生效。山地美农公司已经按照借款合同的约定，将 100 万元借款按照绿泉农业公司的指示完成了交付，已经履行借款人义务。绿泉农业公司在借款合同约定的还款期限到后未履行还款义务，已经构成违约，应承担逾期利息以弥补损失。

绿泉农业公司虽属于当地招商引资企业，在《借款合同》签订后确实商谈过关于入股投资的事宜，但双方一直没有履行投资入股相关手续，没有签订投资协议或签订债转股的协议，双方并未实际形成投资合作的合同关系。因此，绿泉农业公司提出 100 万元是山地美农公司入股绿泉山地公司的投资款的意见，不成立。

（二）陈某某、卢某某是否承担还款责任

根据《最高人民法院关于适用〈中华人民共和国公司法若干问题的规定

（三）〉》"公司债权人请求未履行或者未全面履行出资义务的股东在未出资本息范围内对公司债务不能清偿的部分承担补充赔偿责任的，人民法院应予以支持"的规定，本案中，陈某某、卢某某作为绿泉农业公司的股东，分别认缴注册资本700万元和300万元，分别持股70%和30%，两人没有实际缴纳注册资本700万元和300万元，应对绿泉农业公司不能清偿的部分承担补充赔偿责任。

三、防范（或维权）建议

（1）公司治理是系统工程，且公司存续和管理都是有成本的，注册资本并非越大越好。注册公司开展经营活动，公司股东应充分认识公司经营风险，认缴注册资本应量力而为。出资设立公司或收购公司股权，应重视股东协议以及公司章程制定，对公司依法依公司章程进行管理。

（2）公司因生产经营需要资金，股东应在认缴出资范围内将出资款实缴到位。

案例7　股东在什么情况下需对公司债务承担连带清偿责任

一、基本案情

回回农资公司系从事化肥、农药等农业生产资料批发零售的公司，王某某、宁某某系该公司的实际股东，王某某是法定代表人。在经营过程中，两股东以回回农资公司名义向李某等多人集资借款。2017年2月，回回农资公司向李某借款本金10万元，约定月利息为1.2%。回回农资公司股东并未将借到的款用于公司经营，而是挪用资金用于购买某股份有限公司的原始股票、炒期货等超经营范围投资，其中，购买股票至今无法变现，炒期货完全亏损。

同时，回回农资公司在经营中违规提取注册资本又未按规定及时填补，直至2018年5月所有注册资本都提取完后就无实际经营活动。因回回农资公司未能及时向李某兑付本息，2021年12月，李某向法院起诉，要求回回农资公司与王某某、宁某某连带偿还李某借款本金10万元，并支付自2017年2月21日至2021年11月21日止的利息。

王某某、宁某某认为，有限责任公司以其全部财产对公司的债务承担责任，股东以其认缴的出资额为限对公司承担责任。王某某、宁某某作为股东，不是债务人，没有偿还义务。

法院最终判决，回回农资公司偿还李某借款本金10万元及利息，王某某、宁某某负连带清偿责任。

二、案例分析

（一）李某与回回农资公司之间存在合法有效的民间借贷合同关系

李某与回回农资公司之间的民间借贷合同依法成立，合同对当事人具有法律约定力，当事人应当全面履行合同义务。回回农资公司向李某借款，经李某催收后不能及时清偿借款本息，属违约行为，依法应当承担继续履行违约责任。李某要求回回农资公司清偿借款本息，应得到支持。

（二）股东滥用公司法人独立地位和股东有限责任损害债权人利益的，应对公司债务承担连带责任

《中华人民共和国公司法》第二十条规定：公司股东滥用公司法人独立地位和股东有限责任，逃避债务，严重损害公司债权人利益的，应当对公司债务承担连带责任。在回回农资公司经营过程中，股东李某某、宁某某作为实际股东，多次对外以公司名义集资借款，却并未将公司资金全部用于公司核定经营范围的业务，导致公司亏损负债，属于滥用公司法人独立地位和股东有限责任的行为，严重损害公司债权人利益，依法应当对公司债务承担连带责任。

三、防范（或维权）建议

（1）应充分认识有限责任公司具有独立法人资格。公司股东不能滥用股东权利，把公司资产当作私人资产，将股东财产与公司财产混同。

（2）作为有限责任公司的股东，应重视公司章程的制定，依法、依公司章程履行出资义务，公司出现僵局或依法可解散的情形时，应及时依法进行清算注销。

案例 8　一人公司股东把公司财产当作自己的财产

一、基本案情

萌萌农业公司成立于 2004 年 12 月，注册资本 100 万元，彭某是唯一股东，出资比例为 100%。王某自 2012 年以来都是到萌萌农业公司购买化肥，先预付化肥购买款，萌萌农业公司再将化肥分批交付给王某，双方按季结算。2018 年 7 月，王某向萌萌农业公司交纳预付 2018 年秋季化肥款 8 万元，萌萌农业公司业务员出具了收款收条。

2018 年 8 月 10 日，萌萌农业公司向王某交付化肥 20 吨，价值 49000 元，王某代萌萌农业公司支付运费 1960 元，后萌萌农业公司不再向王某提供化肥。

王某遂起诉至法院，请求判令：（1）萌萌农业公司返还预付的化肥款31000元及代付运费1960元，并承担违约期间的利息损失；（2）彭某对上述债务承担连带责任。法院经审理后，支持了王某的诉讼请求。

二、案例分析

（一）王某与萌萌农业公司之间形成买卖合同关系

王某购买萌萌农业公司出售的化肥，预付化肥购买款，再由萌萌农业公司给付化肥，系双方按前期约定而形成的交易习惯。该买卖合同关系是双方当事人的真实意思表示，合法有效。

（二）萌萌农业公司没有履行交付化肥义务，应承担违约责任

王某预付的8万元货款在交货期限内仅收到价值49000元的化肥，且王某代萌萌农业公司支付运费1960元，现已逾双方约定的交货期限，萌萌农业公司没有完成交付全部化肥的义务，经王某催要后也不履行合同，已构成违约，所以法院支持王某的诉讼请求。

（三）彭某系萌萌农业公司唯一股东，有义务证明公司的财产独立于股东个人财产

《中华人民共和国公司法》第六十三条规定："一人有限责任公司的股东不能证明公司财产独立于股东自己的财产的，应当对公司债务承担连带责任。"萌萌农业公司、彭某经法院合法传唤，未到庭参加诉讼，系对自己诉讼权利的放弃，应承担对其不利的法律后果；且未提交相应证据证明萌萌农业公司的财产独立于股东彭某自己的财产，在此情况下，法院判决彭某对萌萌农业公司的债务承担连带清偿责任。

三、防范（或维权）建议

（1）开办企业，应慎重选择一人有限责任公司类型。

（2）一人有限责任公司应当建立规范的财务报告制度，规范财务管理，不能将股东自己的财产与公司财产混在一起。应避免出现以下情形：股东无偿使用公司资金或者财产，不作财务记载；股东用公司的资金偿还股东的债务，或者将公司的资金供关联公司无偿使用，不作财务记载；公司账簿与股东账簿不分，致使公司财产与股东自己的财产无法区分；股东自身收益与公司盈利不加区分，致使双方利益不清；公司的财产记载于股东名下，由股东占有、使用。

（3）一旦涉诉，一人有限责任公司的股东应积极应诉，提供证据证明股东自己的财产独立于公司的财产。

第三章　劳动用工、安全生产与环境保护

【学习目标】1. 学习与劳动用工、安全生产、产品质量与食品安全、环境保护相关的法律法规；2. 了解和认识违反《中华人民共和国劳动法》《中华人民共和国劳动合同法》《中华人民共和国社会保险法》《中华人民共和国安全生产法》《中华人民共和国环境保护法》等法律规定的风险；3. 树立合规用工、安全生产和保护生态环境意识。

案例9　签订劳务合同为何还需支付经济补偿金

一、基本案情

朱某于 2019 年 12 月 7 日进入某环保科技公司工作。公司（甲方）与朱某（乙方）分别于 2019 年 12 月、2020 年 12 月、2021 年 12 月共签订 3 份《劳务合同》，合同期限均为 1 年。

合同主要内容为：鉴于甲方业务发展的需要，雇佣乙方为甲方提供劳务服务；乙方同意根据甲方需要，为甲方提供垃圾清运工作服务；乙方应按照甲方操作规范及作业要求，按时、按质、按量完成合同约定范围内的服务；乙方的工作质量应接受甲方的监督和考核。甲方有权定期或不定期对乙方工作质量进行考核；乙方劳务报酬为 3500 元 / 月，双方按实际提供劳务天数结算；甲方为乙方购买商业保险用于乙方在为甲方提供劳务过程中发生意外伤害的补偿；任何一方提前 7 日通知对方可解除合同，否则应承担因此给对方造成的损失。

2022 年 9 月，朱某向公司提交离职申请表，原因是公司拖欠工资和未缴社保。在职期间，朱某每天必须完成一定的工作量，在合同解除之日前 12 个月公司支付给朱某各项工资性款项平均为 3843 元 / 月。公司存在未按月及时发放工资情况。

2022 年 12 月，朱某向县劳动人事争议仲裁委员会申请劳动仲裁，提出以下请求：（1）确认朱某与公司之间存在劳动关系；（2）裁决公司向朱某支付因未

签订书面劳动合同的双倍工资差额 41470 元；（3）裁决公司向朱某支付解除劳动合同的经济赔偿金 11585 元；（4）裁决公司补缴朱某自 2019 年 11 月至 2022 年 9 月的养老保险费、基本医疗保险费等。

该仲裁委员会作出不予受理通知书。朱某遂诉至法院。法院最后判决：（1）确认朱某与公司从 2021 年 12 月 7 日至 2022 年 12 月 6 日期间存在劳动关系；（2）公司于判决生效后 7 日内支付朱某经济补偿金 11529 元。

二、案例分析

（一）某环保科技公司和朱某之间形成劳务关系，还是劳动关系

如果某环保科技公司与朱某之间形成劳务关系，双方按劳务合同的约定，某环保科技公司可不用为朱某缴纳社保，可提前 7 日通知朱某解除劳务合同；如果某环保科技公司与朱某之间形成劳动关系，则公司需按照《中华人民共和国劳动法》《中华人民共和国劳动合同法》《中华人民共和国社会保险法》等履行用人单位的义务，保障劳动者的合法权益。

本案中，某环保科技公司和朱某连续 3 次签订了《劳务合同》，合同对朱某的工作岗位、工作内容、劳务报酬等均有明确约定。合同期间，某环保科技公司安排朱某工作，对朱某进行管理，且每月发放工资，从合同内容和履行情况来看，双方之间关系符合法律规定的劳动合同关系。

司法实践中，劳动者与用人单位是否存在劳动关系，可参照原劳动和社会保障部（现人力资源和社会保障部）颁发的《关于确立劳动关系有关事项的通知》（劳社部发〔2005〕12 号）的规定予以认定。根据该通知第一条规定，劳动者与用人单位之间同时具备以下情形的，即使未订立书面劳动合同，也成立劳动关系：（1）用人单位和劳动者符合法律、法规规定的主体资格；（2）用人单位依法制定的各项劳动规章制度适用于劳动者，劳动者受用人单位的劳动管理，从事用人单位安排的有报酬的劳动；（3）劳动者提供的劳动是用人单位业务的组成部分，双方之间成立劳动关系。

本案中，某环保科技公司和朱某的劳动关系主体适格；工作中，某环保科技公司对朱某进行了劳动管理；朱某从事的垃圾清运工作，是某环保科技公司业务的组成部分。综上，双方之间符合劳动关系的特征，故双方之间形成劳动关系。

（二）公司与劳动者存在劳动关系，如未依法签订书面劳动合同，存在支付 2 倍工资风险

用人单位与劳动者自用工之日建立劳动关系，同时应当订立书面劳动合同。

超过 1 个月不满 1 年未与劳动者订立书面劳动合同的，应当向劳动者每月支付 2 倍的工资。本案中，《劳务合同》具备劳动合同的特征，视为双方签订了书面的合同，故法院没有支持朱某主张的未签订书面劳动合同 2 倍工资差额。

（三）公司与劳动者存在劳动关系，应按约定按时足额发放工资，依法为劳动者缴纳社会保险费。否则，存在支付经济补偿金或赔偿金风险

《中华人民共和国劳动合同法》第三十八条规定："用人单位有下列情形之一的，劳动者可以解除劳动合同：（一）未按照劳动合同约定提供劳动保护或者劳动条件的；（二）未及时足额支付劳动报酬的；（三）未依法为劳动者缴纳社会保险费的。"第四十六条规定："有下列情形之一的，用人单位应当向劳动者支付经济补偿：（一）劳动者依照本法第三十八条规定解除劳动合同的。"第四十七条规定："经济补偿按劳动者在本单位工作的年限，每满一年支付一个月工资的标准向劳动者支付。六个月以上不满一年的，按一年计算。"根据上述规定，在劳动合同解除后，公司应当支付朱某 3 个月的经济补偿金。

三、防范（或维权）建议

（1）企业根据业务发展需要，可选择适当的用工形式。如果招用劳动者提供劳务，需考虑以下因素：劳动者的年龄是否在年满 16 周岁至法定退休年龄之间；提供的劳务是否是公司业务的组成部分；公司是否需要对其进行劳动管理、出勤和业绩考核；劳动或劳务报酬是否按月结算发放。如果回答均为"是"的话，建议与劳动者签订劳动合同。

（2）如果企业的业务可独立实施、单独验收和费用结算的，可以采取劳务或业务外包形式，发包给具备履约能力和能独立承担责任的组织或个人，可避免承担用人单位主体责任。

案例 10　义务帮工导致损伤，责任如何分担

一、基本案情

农忙时节，小李帮助邻居老张家搬抬农用机械用具时，不慎导致手指受伤，两根手指骨折。小李向法院提起诉讼，要求老张家支付医疗费、住院护理费、住院伙食补助费、误工费、残疾赔偿金、鉴定费、精神损害费、交通费等。

法院经审理后认为，小李无偿为老张家提供劳务，小李没有注意自身防护，应承担次要责任。最终法院判决老张家承担主要责任，支付各项费用 5 万元。

二、案例分析

（一）何为义务帮工

本案涉及义务帮工过程中发生损伤的赔偿责任问题。义务帮工是一种无偿的劳务关系，即免费帮忙。在农村生产生活中尤为常见，比如农忙时各家相互帮忙、住宅搭建装修时免费帮工等。

（二）义务帮工出现伤亡，责任如何分担

民法典第一千一百九十二条第一款规定："个人之间形成劳务关系，提供劳务一方因劳务造成他人损害的，由接受劳务一方承担侵权责任。接受劳务一方承担侵权责任后，可以向有故意或者重大过失的提供劳务一方追偿。提供劳务一方因劳务受到损害的，根据双方各自的过错承担相应的责任。"

《最高人民法院关于审理人身损害赔偿案件适用法律若干问题的解释》第四条规定："无偿提供劳务的帮工人，在从事帮工活动中致人损害的，被帮工人应当承担赔偿责任。被帮工人承担赔偿责任后向有故意或者重大过失的帮工人追偿的，人民法院应予支持。被帮工人明确拒绝帮工的，不承担赔偿责任。"第五条规定："无偿提供劳务的帮工人因帮工活动遭受人身损害的，根据帮工人和被帮工人各自的过错承担相应的责任；被帮工人明确拒绝帮工的，被帮工人不承担赔偿责任，但可以在受益范围内予以适当补偿。帮工人在帮工活动中因第三人的行为遭受人身损害的，有权请求第三人承担赔偿责任，也有权请求被帮工人予以适当补偿。被帮工人补偿后，可以向第三人追偿。"

根据上述规定，农村免费的相互帮助形成个人之间的劳务关系，因劳务工作造成第三人损害的，由接受劳务一方承担侵权责任，帮工人有故意或者重大过失的，接受劳务一方可以向帮工人追偿。帮工人自身受到损害的，根据帮工人和被帮工人各自的过错承担相应的责任。被帮工人明确拒绝帮工的，被帮工人不承担赔偿责任。

三、防范（或维权）建议

（1）自己不需要他人帮工，而他人主动要求帮工的，应当予以明确拒绝。

（2）农忙期间确实相互帮工的，应当做好安全提示和适当培训。

（3）相互帮工的应当合理安排劳务作业的流程，尽可能为各人员安排能力范围内的任务，禁止老弱群体操作具有较大危险性的机械及从事能力范围外的作业，减少损害发生的可能性。

（4）如有条件，应当为帮工人购买人身意外险以分担风险。

案例 11　工人因自身原因伤亡，雇主需要赔偿吗

一、基本案情

2018年，陈某开始收购农作物，并雇佣林某组织人员收割农作物，林某随后邀请谢某一同收割。谢某在收割农作物时，因突发疾病倒地，后被人送医，经抢救无效死亡。

谢某的丈夫和儿子以陈某和林某为被告，向某县人民法院提起诉讼。诉讼中，被告陈某以自己对谢某的死亡不存在过错为由提出抗辩，认为自己不应该承担赔偿责任。

经过法院对案件事实的全面审理，认定陈某在该案中确实不存在过错，但法院最终还是判令陈某分担部分损失数万元。

二、案例分析

本案涉及劳务关系中无过错的雇主如何承担责任的法律问题，即雇主请人帮忙干活，工人受伤或死亡，雇主要不要承担责任，以及承担怎样的责任的问题。

这需要分以下三种情况来看。

（一）雇主和工人都有过错的，责任如何划分

民法典第一千一百九十二条第一款规定："……提供劳务一方因劳务受到损害的，根据双方各自的过错承担相应的责任。"也就是说工人和雇主根据双方过错的程度来划分责任，谁的错误更大，谁的责任就越大，承担的赔偿就越多。

（二）雇主和工人都没有过错的，责任如何划分

民法典第一千一百八十六条规定："受害人和行为人对损害的发生都没有过错的，依照法律的规定由双方分担损失。"

在实际案件审理过程中，针对这种情况，法院会综合公平原则、平衡利益以及社会效果三方面来评判责任的划分。一般来说，工人帮雇主干活，雇主是受益方，因此即使雇主和工人都没有过错，法院会也会判定雇主承担部分责任。

（三）劳动过程中造成了其他人损害的，责任如何划分

民法典第一千一百九十二条第一款规定："个人之间形成劳务关系，提供劳务一方因劳务造成他人损害的，由接受劳务一方承担侵权责任。接受劳务一方承担侵权责任后，可以向有故意或者重大过失的提供劳务一方追偿。"

工人劳动过程中造成其他人或物品损伤的，由雇主承担赔偿责任。雇主赔偿之后，能否找工人赔偿要分两种情况。一种情况是工人没有过错的，那么雇主不能再找工人赔偿，比如农用车辆、工具的故障导致其他人损伤，这不是工人的过

错，雇主赔偿了受伤人之后，不能再找工人赔偿。另一种情况是工人故意或者有重大过失的，雇主可以找工人赔偿，比如工人醉酒驾驶农用车撞到人，这是工人本身的重大过失，雇主赔偿了受伤人之后，可以再找工人赔偿。

三、防范（或维权）建议

（1）企业、家庭承包户在施肥季、收获季、生产场所建设改造等临时招用工人的，应当做好安全提示和适当培训。

（2）应当合理安排劳务作业的流程，尽可能为各人员安排能力范围内的任务，禁止老弱群体操作具有较大危险性的机械及从事能力范围外的作业，减少损害发生的可能性。

（3）禁止强令作业，禁止长时间在高温、寒冷的环境作业或超负荷作业等。上工前，雇主要对工人的基本身体、精神状态进行检查。禁止工人在醉酒、疲惫的状态下进行劳作，尤其不能从事机器、车辆的操作。

（4）农用车辆应当依法进行登记，购买保险。如有条件，建议为帮工人购买人身意外险以分担风险。

（5）因帮工受伤且无法就赔偿达成一致的，受伤人应当及时向法院提起诉讼，要求赔偿。

案例 12 随意发包建筑施工项目的法律责任

一、基本案情

2021 年 9 月 22 日，伯利农场明知腾飞公司没有建筑企业资质，仍将建设猪圈的项目发包给腾飞公司。郭某受腾飞公司的指派，在伯利农场猪圈垒墙过程中，脚手架右上角拍子的挂钩突然断掉，致使郭某从脚手架上摔下受伤，事发后，郭某被送至医院治疗，于 2021 年 9 月 30 日出院，住院 7 天。后郭某起诉伯利农场、腾飞公司要求赔偿损失。

案件审理过程中，郭某申请对其伤残等级、误工期、护理期、营养期进行鉴定。经鉴定：（1）被鉴定人郭某外伤致 T12 椎体压缩性骨折，行 T12 椎体骨折切开复位内固定术，其致残等级评定为十级；（2）建议被鉴定人郭某的伤后误工期为 150～180 日，护理期为 60～90 日，营养期为 60～90 日。

经审理，法院判决：伯利农场赔偿郭某医疗费、住院伙食补助费、交通费、护理费、营养费、误工费、残疾赔偿金、精神抚慰金共计 205165.4 元，腾飞公司承担连带责任。

二、案例分析

（一）腾飞公司没有建筑企业资质，不能从事建筑业务，应当赔偿郭某的损失

《中华人民共和国建筑法》第十三条规定："从事建筑活动的建筑施工企业、勘察单位、设计单位和工程监理单位，按照其拥有的注册资本、专业技术人员、技术装备和已完成的建筑工程业绩等资质条件，划分为不同的资质等级，经资质审查合格，取得相应等级的资质证书后，方可在其资质等级许可的范围内从事建筑活动。"民法典第一千一百六十五条第一款规定："行为人因过错侵害他人民事权益造成损害的，应当承担侵权责任。"

腾飞公司没有建筑企业资质，不能承揽伯利农场猪舍建筑项目，其指派郭某建造猪舍，导致郭某受伤，存在过错，应当承担侵权责任。

（二）伯利农场明知腾飞公司没有建筑企业资质仍发包项目，应当对郭某的损失承担连带责任

根据安全生产法第一百零三条的规定："生产经营单位将生产经营项目、场所、设备发包或者出租给不具备安全生产条件或者相应资质的单位或者个人，导致发生生产安全事故给他人造成损害的，与承包方、承租方承担连带赔偿责任。"伯利农场明知腾飞公司没有建筑企业资质，仍让其建造猪舍，导致郭某受伤，应当对郭某的损失承担连带责任。

（三）郭某及时申请鉴定，确定自身损失，法院采信、支持其诉求

民法典第一千一百七十九条规定："侵害他人造成人身损害的，应当赔偿医疗费、护理费、交通费、营养费、住院伙食补助费等为治疗和康复支出的合理费用，以及因误工减少的收入。造成残疾的，还应当赔偿辅助器具费和残疾赔偿金。"根据"谁主张，谁举证"的诉讼原则，郭某需要对自己的损失提供证据，故郭某在起诉后，根据诉求提供司法鉴定，确认了伤残等级、误工期、护理期、营养期，法院判决支持其诉求。

三、防范（或维权）建议

（1）企业从事建筑施工项目时，应当取得建筑企业资质。

（2）发包单位在发包建筑施工项目时，应当审核承包单位是否具有建筑企业资质。

（3）施工企业应当为施工人员购买工伤保险，确保进入建设项目施工场地的工人因工受到伤害时都能纳入工伤保险范围，既为施工企业降低工伤赔偿金

额，也能有效保障受伤害工人的工伤保险待遇及时到位。

（4）劳务者在建筑施工过程中受伤，应注意收集证据，并及时起诉发包方和承包方维权。

案例 13　未进行安全生产教育和培训有什么法律责任

一、基本案情

某水稻种子公司未投保安全生产责任保险，经行政部门责令改正，但其拒不改正。2021 年 8 月 27 日，其指派本公司专业电工张某、李某、钟某维修种植基地的水井潜水泵，后三人溺亡在水井内。市应急管理局获悉后，成立事故调查组调查事故经过。经调查，此次事故的直接原因系潜水泵长期处于地下潮湿环境，箱体及接线部分有严重锈蚀而出现漏电的情况，张某、李某、钟某未对潜水泵断电，潜水泵漏电将三人击晕，导致溺水死亡。事故的间接原因，系某水稻种子公司未对张某等人进行安全生产教育和培训，安全生产责任制度落实不到位。

后张某、李某、钟某的亲属起诉某水稻种子公司赔偿三人的工亡损失，法院判决某水稻种子公司赔偿工亡损失 300 余万元。因某水稻种子公司未投保安全生产责任保险，市应急管理局对该公司处以 20 万元罚款的行政处罚。

二、案例分析

（一）某水稻种子公司未进行安全生产教育和培训，存在过错，导致其承担赔偿责任

安全生产法第二十条规定："生产经营单位应当具备本法和有关法律、行政法规和国家标准或者行业标准规定的安全生产条件，不具备安全生产条件的，不得从事经营活动。"第二十八条规定："生产经营单位应当对从业人员进行安全生产教育和培训，保证从业人员具备必要的安全生产知识，熟悉有关的安全生产规章制度和安全操作规程，掌握本岗位的安全操作技能，了解事故应急处理措施，知悉自身在安全生产方面的权利和义务。未经安全教育和培训合格的从业人员，不得上岗作业。"第四十四条第一款规定："生产经营单位应当教育和督促从业人员严格执行本单位的安全生产规章制度和安全操作规程；并向从业人员如实告知作业场所和工作岗位存在的危险因素、防范措施以及事故应急措施。"

某水稻种子公司未按照法律规定对张某等人进行安全生产教育和培训，致使张某等人对电工作业等高危行业的危险性认识不足，操作处置不规范，酿成人员伤亡的事故，因公司存在过错，应承担赔偿责任。

（二）某水稻种子公司拒不按照规定投保安全生产责任保险，应当承担行政处罚

安全生产法第五十一条规定："……属于国家规定的高危行业、领域的生产经营单位，应当投保安全生产责任保险。"第一百零九条规定："高危行业、领域的生产经营单位未按照国家规定投保安全生产责任保险的，责令限期改正，处五万元以上十万元以下的罚款；逾期未改正的，处十万元以上二十万元以下的罚款。"

电工维修操作属于国家规定的高危行业、领域，某水稻种子公司拒不按照规定投保安全生产责任保险，故行政部门对其处以 20 万元罚款的行政处罚。

三、防范（或维权）建议

（1）用人单位应当对劳动者进行安全生产教育和培训，并保留相关培训记录。

（2）用人单位应当按照规定投保安全生产责任保险。

（3）用人单位应当定期对生产设备进行安全检查，消除事故隐患。

案例 14　买到有质量缺陷的机械设备，该如何主张赔偿

一、基本案情

2021 年 9 月 16 日，高某某向杨某购买"301 型出姜机加拖车"1 台，价款为 22000 元。杨某持有 2014 年 12 月 3 日由国家知识产权局出具的"实用新型专利证书"，该证书载明"实用新型名称为一种旋转式大姜收获机，发明人杨某，专利权人杨某"。

2021 年 11 月 3 日，高某某驾驶 301 型出姜机在出姜过程中，因出姜机自身质量存在缺陷，被出姜机顶在身后横向的管子上导致其胸部挤压受伤而死亡。高某某的亲属向法院起诉要求杨某赔偿各项损失共计 1166815.80 元。

法院认为从高某某在大棚内出姜过程看，高某某对大棚内现场存在许多水泥柱子、横向管子等隐患设施，没有尽到安全注意义务，导致不能及时控制来临的危及生命的危险，对自己的损失应承担 30% 的责任。杨某因提供的设备给高某某造成了损失，应承担 70% 的责任，即 816771.06 元。故法院判决杨某赔偿高某某亲属 816771.06 元，并返还高某某亲属购买 301 型出姜机款 22000 元，高某某亲属向杨某返还 301 型出姜机。

二、案例分析

（一）产品质量缺陷对产品使用者造成人身和财产损害，产品生产者、销售者应当承担的赔偿责任

民法典第一千二百零三条规定："因产品存在缺陷造成他人损害的，被侵权人可以向产品的生产者请求赔偿，也可以向产品的销售者请求赔偿。产品缺陷由生产者造成的，销售者赔偿后，有权向生产者追偿。"本案中，301 型出姜机因自身产品缺陷，造成高某某死亡，高某某亲属可以向生产者杨某请求赔偿，也可以向销售 301 型出姜机的商家主张赔偿。

（二）消费者购买不合格产品，可以要求返还购买不合格产品的钱款

民法典第六百一十条规定："因标的物不符合质量要求，致使不能实现合同目的的，买受人可以拒绝接受标的物或者解除合同。"本案中，由于 301 型出姜机质量存在缺陷，高某某亲属可以解除 301 型出姜机的买卖合同，要求杨某返还 301 型出姜机款 22000 元。

（三）侵权责任需根据各方过错程度分配责任

民法典第一千一百六十五条规定："行为人因过错侵害他人民事权益造成损害的，应当承担侵权责任。"第一千一百七十三条规定："被侵权人对同一损害的发生或者扩大有过错的，可以减轻侵权人的责任。"本案中，侵权后果的发生，除了生产者杨某的责任，消费者高某某作业现场存在水泥柱子、横向管子等隐患设施，其操作机器时没有尽到安全注意义务，对侵权后果的发生也在过错。故法院根据双方过失程度，判决死者对自己的损失应承担 30% 的责任。

三、防范（或维权）建议

（1）生产者应按照国家、行业标准确保产品质量，避免因侵权责任造成经济损失。

（2）消费者在购买产品时，需保存购买产品的相关依据。在产品质量发生侵权问题时，应及时向法院提起诉讼主张赔偿。

（3）消费者应仔细阅读产品的使用说明书，在安全环境下正确使用产品，避免因使用不当造成损害结果。

案例 15　销售注水牛肉需要承担什么法律责任

一、基本案情

顾某在某村开办经营菜牛屠宰点时，给牛肉注水。县有关部门多次责令屠宰点整改，但顾某仍不予理会。顾某将菜牛屠宰点三号、四号车间分包给李某、张

某和郑某。顾某明知李某、张某和郑某承包的车间有注水行为，不仅不履行监管职责，还为其通风报信。

李某、张某指使被告人张某某在其车间内，将菜牛用电击倒后开膛破肚，用水管插入牛体动脉血管内进行注水，从而增加牛肉的重量；然后将牛肉以每千克56～60元的价格进行销售，共注水菜牛698头，销售金额达781万余元。

2015年8月1日至11月25日期间，郑某指使被告人朱某、江某、陈某、沈某在四号车间内，采用上述方式注水菜牛1849头，然后将牛肉以每千克50～54元的价格进行销售，销售金额达1109万余元。

经统计，顾某参与注水菜牛2547头，销售金额达1890万余元；郑某、朱某、江某、陈某、沈某参与注水菜牛1849头，销售金额达1109万余元；李某、张某参与注水菜牛698头，销售金额达781万余元。

最终，法院以各被告人犯生产、销售伪劣产品罪分别判处有期徒刑3～5年，并处罚金。

二、案例分析

（一）何为伪劣产品

《中华人民共和国刑法》（以下简称"刑法"）第一百四十条规定提及的"产品中掺杂、掺假，以假充真，以次充好或者以不合格产品冒充合格产品"均为伪劣产品。本案中，顾某等人在牛肉中注水，属于掺杂行为，注水牛肉为伪劣产品。

（二）销售伪劣产品达到一定金额需要承担刑事责任

刑法第一百四十条规定："生产者、销售者在产品中掺杂、掺假，以假充真，以次充好或者以不合格产品冒充合格产品，销售金额五万元以上不满二十万元的，处二年以下有期徒刑或者拘役，并处或者单处销售金额百分之五十以上二倍以下罚金；销售金额二十万元以上不满五十万元的，处二年以上七年以下有期徒刑，并处销售金额百分之五十以上二倍以下罚金；销售金额五十万元以上不满二百万元的，处七年以上有期徒刑，并处销售金额百分之五十以上二倍以下罚金；销售金额二百万元以上的，处十五年有期徒刑或者无期徒刑，并处销售金额百分之五十以上二倍以下罚金或者没收财产。"

（三）伪劣产品未销售的，达到一定金额也要承担刑事责任

《最高人民法院、最高人民检察院关于办理生产、销售伪劣商品刑事案件具体应用法律若干问题的解释》第二条规定："刑法第一百四十条、第一百四十九条规定的'销售金额'，是指生产者、销售者出售伪劣产品后所得和应得的全部

违法收入。伪劣产品尚未销售，货值金额达到刑法第一百四十条规定的销售金额3 倍以上的，以生产、销售伪劣产品罪（未遂）定罪处罚。"

三、防范（或维权）建议

（1）食品安全关系大众民生，销售伪劣产品是国家严厉打击的行为。为了暴利销售伪劣产品，不仅丧失市场竞争力，还面临国家层面的连带责任。发现销售伪劣产品的行为后，应及时向相关部门举报。

（2）从事生产业务，需按照行业标准生产合格产品，并取得产品合格证书。

（3）从事销售业务，需确保产品质量，可要求生产者出具产品合格证书。

案例 16　农场污水可直接排放吗

一、基本案情

【案例一】2017 年 5 月 4 日，某市环境保护局执法人员依法对梁某经营的生猪养殖场进行现场检查，发现邓某正在冲洗猪栏，有冲洗废水从生猪养殖场直接流入灌溉渠。监测报告显示，该生猪养殖场冲洗废水总磷、氨氮排放浓度均超标，对周边环境造成影响。

2017 年 6 月 5 日，该市环境保护局作出《行政处罚决定书》，对该生猪养殖场处以 4.9 万元的行政处罚。2017 年 6 月 6 日，市公安局做出对邓某实施行政拘留 6 天的决定。

违法排污不仅可能面临罚款拘留，更有可能构成犯罪。在下面的案件中，农场主和排污者双双入狱，值得反思。

【案例二】2019 年 9 月 14 日，江某与农场主梁某约定好，由江某帮农场处理产生的废水。江某先后两次驾驶大型货车去到农场，运走共约 78 吨废水，后将上述废水运至公路边一仓库内，通过暗管排放至河中。经环境保护监测站对洗槽废水池和货车大槽罐排放口进行检测，取样点检测结果含有铬、锌、铜等多种重金属。

经法院审理，江某违反国家规定，通过暗管方式排放、处置有害物质，农场主梁某明知江某无相关处置有害物质经营许可，仍委托其处置，造成严重的环境污染，二人的行为均已构成污染环境罪。最后法院认定二人犯污染环境罪，判处有期徒刑 1 年，并处罚金 15000 元。

上述案例告诉我们，违法排污不仅可能面临罚款拘留，更有可能构成犯罪。

二、案例分析

案例涉及农场污水造成环境污染的法律责任。农场污水主要来自养殖、种植及生活污水，其中养殖污水的污染尤为严重，生活污水次之。根据污染情况的不同，国家有关部门会对责任人做出不同的处罚。

（一）畜禽养殖废弃物未经处理能否直接排放

《畜禽规模养殖污染防治条例》第二十条规定："向环境排放经过处理的畜禽养殖废弃物，应当符合国家和地方规定的污染物排放标准和总量控制指标。畜禽养殖废弃物未经处理，不得直接向环境排放。"

一般而言，家庭养殖规模较小，养殖污水直接排放不会对周边环境造成太严重的影响，在正常环境可承受的范围内。而养殖农场、养殖专业户等养殖规模较大，把含有大量病菌、寄生虫的畜禽粪便、尸体直接排放到农田、水沟、河流中，将严重污染泥土、水源，造成土地劣化和人员疾病。因此国家有关部门严令禁止超量排污和直接排放动物尸体，一经发现则处以重罚。

《畜禽规模养殖污染防治条例》第四十一条规定："排放畜禽养殖废弃物不符合国家或者地方规定的污染物排放标准或者总量控制指标，或者未经无害化处理直接向环境排放畜禽养殖废弃物的，由县级以上地方人民政府环境保护主管部门责令限期治理，可以处五万元以下的罚款。"案例一中生猪养殖场就因违反了超量排污的法律规定而受到处罚。

（二）排污严重污染环境的涉嫌犯罪

刑法第三百三十八条第一款规定："排放、倾倒或者处置有放射性的废物、含传染病病原体的废物、有毒物质或者其他有害物质，严重污染环境的，处三年以下有期徒刑或者拘役，并处或者单处罚金；情节严重的，处三年以上七年以下有期徒刑，并处罚金。"

什么情况是"严重污染环境"？《最高人民法院、最高人民检察院关于办理环境污染刑事案件适用法律若干问题的解释》第一条进行了明确的规定，具有下列情形之一的，应当认定为"严重污染环境"：（一）在饮用水水源保护区、自然保护地核心保护区等依法确定的重点保护区域排放、倾倒、处置有放射性的废物、含传染病病原体的废物、有毒物质的；（二）非法排放、倾倒、处置危险废物三吨以上的；（三）排放、倾倒、处置含铅、汞、镉、铬、砷、铊、锑的污染物，超过国家或者地方污染物排放标准三倍以上的；（四）排放、倾倒、处置含镍、铜、锌、银、钒、锰、钴的污染物，超过国家或者地方污染物排放标准十倍以上的；（五）通过暗管、渗井、渗坑、裂隙、溶洞、灌注、非紧急情况下开启大气应急排放通道等逃避监管的方式排放、倾倒、处置有放射性的废物、含传染病病原体的废物、有毒物质的；（六）二年内曾因在重污染天气预警期间，违反国家规定，超标排放二氧化硫、氮氧化物等实行排放总量控制的大气污染物受过二次以上行政处罚，又实施此类行为的；（七）重点排污单位、实行排污许可重点管理的单位篡改、伪造自动监测数据或者干扰自动监测设施，排放化学需氧量、氨氮、二氧化硫、氮氧化物等污染物的；（八）二年内曾因违反国家规定，排放、倾倒、处置有放射性的废物、含传染病病原体的废物、有毒物质受过二次以上行政处罚，又实施此类行为的；（九）违法所得或者致使公私财产损失三十万元以上的；（十）致使乡镇集中式饮用水水源取水中断十二小时以上的；（十一）其他严重污染环境的情形。

案例二中江某与农场主邓某因偷偷排放含超标重金属的污水，被判处刑罚。

三、防范（或维权）建议

养殖、种植及生活污水含有大量重金属、化学物质、病菌、寄生虫等，可能污染泥土、地下水，对环境和人体具有极大危害，相关部门对农业生产主体的监管和对直接排污行为的打击力度不断加大，尤其是养殖场、合作社、种植园等。规模化畜禽养殖场、种植场应当建设配套污水处理系统，配套完善相关环境污染治理设施，如建设沼气池、进行堆肥等，规范处理废水，避免直接排放。

案例 17　露天焚烧秸秆危害大

一、基本案情

焚烧秸秆行为在当年农作物收获后及翌年春耕前尤为常见，时常引发不良后果，每年均有大量关于此行为的报道。

2022 年 3 月 10 日，广西来宾市刘某在自家地块露天焚烧秸秆（甘蔗叶），过火面积约 6 亩，被处以 500 元罚款。

2022 年 3 月 13 日，内蒙古鄂尔多斯一男子露天焚烧秸秆，引发火灾。该男子因过失引发火灾被行政拘留 10 日。

2022 年 3 月 10 日，广西玉林市陆川县覃某在自家的坡地开荒焚烧草堆时，不慎引起火灾，过火面积 48.99 公顷，造成林木实际损失 208054 元，被判处有期徒刑 1 年 10 个月，缓刑 2 年，赔偿森林植被修复投资费及鉴定费 59.1 万元。

二、案例分析

露天焚烧秸秆是传统农业生产的重要环节之一，但其会造成严重的空气污染，并且存在极大的安全隐患，极易引发火灾。轻则污染空气被行政处罚，重则构成犯罪。

（一）禁止露天焚烧，失火必究

《中华人民共和国大气污染防治法》第七十七条规定："省、自治区、直辖市人民政府应当划定区域，禁止露天焚烧秸秆、落叶等产生烟尘污染的物质。"全国各省（自治区、直辖市）亦出台了相关规定，如《广西壮族自治区大气污染防治条例》第七十四条第二款规定："禁止在城市建成区、乡镇人口集中地区、机场周围、交通干线附近或者人民政府划定的其他区域露天焚烧秸秆、树枝叶、枯草等产生烟尘污染的农林废弃物。"

目前全国各地已陆续接入卫星系统监测野外火星，一旦出现失火，相关责任人必将受到处罚。

（二）野外用火引发火灾可能构成犯罪

刑法第一百一十五条规定："放火、决水、爆炸以及投放毒害性、放射性、传染病病原体等物质或者以其他危险方法致人重伤、死亡或者使公私财产遭受重大损失的，处十年以上有期徒刑、无期徒刑或者死刑。过失犯前款罪的，处三年以上七年以下有期徒刑；情节较轻的，处三年以下有期徒刑或者拘役。"

野外草灌木繁多，风向复杂，焚烧秸秆等极易造成火势失控。若引发火灾的，极可能构成犯罪，根据情节轻重、损害大小，刑罚最高可判处死刑。

三、防范（或维权）建议

（1）农业种植应当树立科学、环保、可持续生产的生产理念，逐渐淘汰传统刀耕火种的生产方式，禁止私自焚烧秸秆。

（2）对秸秆进行进一步分类，科学处置。如优质秸秆可作为牲畜饲料，其他秸秆可进行粉碎、堆肥等。

（3）应配合地方政府做好秸秆离田、集中处理，如供应火力发电厂、烘干厂、供暖厂等。

第四章　土地利用与流转

【学习目标】1.了解我国土地管理相关的法律法规；2.了解土地承包经营权流转涉及的相关法律知识和常见纠纷，掌握处理纠纷办法，掌握法律风险防范措施；3.掌握土地承包权利被侵害后的维权路径。

案例 18　非集体经济组织成员是否享有宅基地的资格

一、基本案情

2020 年 7 月 31 日，罗某（城镇居民）与杨某（集体经济组织成员）签订《农村房买卖合同》，约定罗某自愿将坐落在醴陵市江源村巫家学堂组集体分配的宅基地上的自建房屋出售给杨某，成交价格为 28.08 万元。合同还约定了付款方式及配合办理过户手续等内容。罗某依约支付购房款，2021 年 10 月，醴陵市江源村村委会告知罗某涉案房屋无法办理所有权证后，罗某向杨某提出退还购房款的要求，但杨某不同意退款。

二、案例分析

（一）农村宅基地的申请主体和申请对象

本案的买卖标的物不仅包括农村房屋，还包括相应的宅基地使用权。《中华人民共和国土地管理法实施条例》（以下简称"土地管理法实施条例"）第三十四条规定："农村村民申请宅基地的，应当以户为单位向农村集体经济组织提出申请；没有设立农村集体经济组织的，应当向所在的村民小组或者村民委员会提出申请。宅基地申请依法经农村村民集体讨论通过并在本集体范围内公示后，报乡（镇）人民政府审核批准。"所以，宅基地的法定申请主体是农户，申请对象是农村集体经济组织。《广西壮族自治区农村宅基地审批管理办法》明确禁止城镇居民到农村购置宅基地建住宅。杨某并非本集体经济组织成员，依法不享有宅基地的资格。

（二）关于宅基地审批制度

2019 年修正的《中华人民共和国土地管理法》（以下简称"土地管理法"）将宅基地试点的成功经验吸收到法律当中，明确规定农村村民住宅建设，由乡（镇）人民政府审批，从而实现了宅基地审批权限由县级人民政府下放到乡（镇）人民政府，将农村宅基地的管理工作赋予农业农村主管部门。2019 年 12 月，农业农村部、自然资源部联合发布了《关于规范农村宅基地审批管理的通知》（农经发〔2019〕6 号），明确了宅基地的申请审查程序、审核批准机制以及对宅基地实施全过程管理。

（三）关于宅基地申请的条件

根据土地管理法以及《广西壮族自治区农村宅基地审批管理办法》的相关规定，申请宅基地的条件主要包括布点符合规划，"一户一宅"制度，平原地区和城市郊区每户不得超过 100 平方米，丘陵地区、山区每户不得超过 150 平方米等。

三、防范（或维权）建议

（1）按照广西目前关于宅基地的政策制度，禁止城镇居民到农村购置宅基地建住宅。非本经济组织成员之间的房屋买卖，因涉及宅基地的使用权的转让，涉及违反法律法规强制性规定而无效。

（2）广西目前对宅基地面积的要求是平原地区和城市郊区每户不得超过 100 平方米，丘陵地区、山区每户不得超过 150 平方米。超范围建设将面临承担行政责任的风险。

案例 19　征地补偿款归谁所有

一、基本案情

某村镇某村民小组于 1998 年第二轮土地承包时，卢某家庭承包田地共 4.48 亩。卢某于 2008 年外出务工，其承包的田地由同村村民文某耕种。2019 年 8 月，由卢某承包的 4.48 亩土地被征收，相应补偿款 15 万元被文某领取。

卢某得知后，要求文某返还补偿款 15 万元，文某拒绝。迫于无奈，卢某向法院起诉，请求判令文某返还土地补偿款 15 万元。

法院审理后认为文某无证据表明其享有土地承包经营权，而卢某系案涉土地的承包人，征地补偿款应归承包人卢某所有，因此判决文某向卢某返还该征地补偿款 15 万元。

二、案例分析

（一）什么是征地补偿款，包含哪些费用

征地补偿款是对土地征收过程中产生的补偿费的统称。在集体土地征收中给予的补偿主要有土地补偿费、安置补助费以及地上附着物和青苗补偿费。土地补偿费是按照被征收土地的原用途给予的经济补偿；安置补助费是安置以土地为主要生产资料并取得生活来源的农业人口的损失所给予的补助费用；地上附着物补偿费是对于农地里搭建的如大棚、灌溉系统等的补偿；青苗补偿费是对已栽种未收获的农作物的补偿。

（二）征地补偿款归谁所有

土地管理法实施条例第二十六条规定："土地补偿费归农村集体经济组织所有；地上附着物及青苗补偿费归地上附着物及青苗的所有者所有。"集体土地已经实行土地承包经营的，土地补偿费通常分配到承包户。

本案就是典型的承包地征收补偿费用分配纠纷，争议问题的关键是文某是否享有案涉土地的土地承包经营权。案例中，卢某家庭作为案涉 4.48 亩土地的家庭承包经营户，征地补偿款（地上附着物及青苗补偿费）应当由卢某家庭享有。文某没有证据证明土地上的农作物是其耕种，亦没有证据证明其耕种卢某承包土地的合法性，因此不能享有青苗补偿费。

三、防范（或维权）建议

（1）农村土地承包后，应当办理相应的手续。承包经营合同有必要在乡（镇）人民政府办理备案登记，有条件的还应办理承包经营权证书。如承包户不自己经营而让他人经营时，应办理经营权流转手续，以维护自身的合法权益。

（2）现行有效的土地管理法于 2019 年修订，2020 年 1 月 1 日实施；土地法实施条例于 2021 年修订，2021 年 9 月 1 日实施。2020 年以来，关于土地管理的相关规定有较大变化，遇到问题时可向当地自然资源管理部门咨询了解。

案例 20　土地承包经营权登记错误怎么办

一、基本案情

1998 年 7 月，某县人民政府向张三颁发《××县农村土地承包经营权证书》，承包土地明细登记有三幅土地，分别是"龙井坎""长冲湾""庙堡脚"。2004 年，某县人民政府再次向张三颁发《××县农村土地承包经营权证书》，承包土地明细登记有三幅土地，分别是"龙井坎""长冲湾""庙堡

脚"，范围与1998年土地承包经营权证上记载的基本一致。

2017年12月，农村土地承包经营权确权时，某县人民政府向王小二颁发了××县农村土地承包经营权第015084号土地承包经营权证，该证登记有土地45幅，其中包含"庙堡脚""龙井坎""长冲湾"。

2018年10月，张三发现属于自己的土地登记到了王小二名下，向村民委员会反映，村民委员会作出土地纠纷处理意见书，称王小二把所属张三的土地指认在自己的土地证上，协商无果；经村民委员会研究决定对发放到王小二的《土地经营权证书》作废；双方的地块没有发生冲突，申请上级政府另进行确权登记。

2020年3月，当地镇人民政府在该处理意见书上签署"情况属实，望给予帮助解决为谢"，并加盖公章。同年6月，张三向县农业农村局提交土地确权的请示报告，要求解决登记错误的问题，因一直未得到解决。张三于是以某县农业农村局为被告向法院提起行政诉讼。

法院经审理认为，2017年土地确权颁证，是在两轮土地延包基础上进行的，在保持现有农村土地承包关系稳定的前提下进行，是对农民土地承包经营权的规范和完善，而不是重新调整承包关系，应维持原土地承包关系的延续性和稳定性，严禁借机违法调整和收回农户承包地。因此，在2017年土地确权颁证时，某县农业农村局仅凭现场指界，将原登记在张三名下的土地登记在王小二名下，不符合2017年土地确权颁证相关精神，该登记行为应予撤销。

法院判决撤销了某县农业农村局2017年12月30日颁发给王小二的《农村土地承包经营权证》中地名为"庙堡脚""龙井坎""长冲湾"的土地承包经营权登记。

二、案例分析

（一）土地承包经营权应依法登记

民法典第三百三十三条第一款规定："土地承包经营权自土地承包经营权合同生效时设立。"《中华人民共和国农村土地承包法》（以下简称"农村土地承包法"）第二十三条规定："承包合同自成立之日起生效。承包方自承包合同生效时取得土地承包经营权。"根据上述法律规定，土地承包经营权应当是自承包经营合同成立时设立。

民法典第三百三十三条第二款规定："登记机构应当向土地承包经营权人发放土地承包经营权证、林权证等证书，并登记造册，确认土地承包经营权。"《不动产登记暂行条例实施细则》第四十七条规定："承包农民集体所有的耕地、林地、草地、水域、滩涂以及荒山、荒沟、荒丘、荒滩等农用地，或者国家所有依法由农民集体使用的农用地从事种植业、林业、畜牧业、渔业等农业生产的，可以申请土地承包经营权登记；地上有森林、林木的，应当在申请土地承包经营权登记时一并申请登记。"

本案中，张三 1998 年 7 月取得了土地承包经营权证书，张三享有土地承包经营权得到确认。

（二）依法享有土地承包经营权可流转

民法典第三百三十九条规定："土地承包经营权人可以自主决定依法采取出租、入股或者其他方式向他人流转土地经营权。"农村土地承包法第三十六条规定："承包方可以自主决定依法采取出租（转包）、入股或者其他方式向他人流转土地经营权，并向发包方备案。"第四十四条规定："承包方流转土地经营权的，其与发包方的承包关系不变。"根据上述规定，建立在土地承包经营权上的土地经营权，是土地承包经营权人的权利，权利人可以将其转让，由他人享有和行使土地经营权，而原来的土地承包经营权人保留土地承包经营权。上述案件中，张三的土地承包经营权被登记在王小二名下，是张三丧失了土地经营权流转的权利。

（三）土地承包经营权登记错误怎么办

民法典第二百二十条第一款规定："权利人、利害关系人认为不动产登记簿记载的事项错误的，可以申请更正登记。不动产登记簿记载的权利人书面同意更正或者有证据证明登记确有错误的，登记机构应当予以更正。"《不动产登记暂行条例实施细则》第七十九条规定："权利人、利害关系人认为不动产登记簿记载的事项有错误，可以申请更正登记。权利人申请更正登记的，应当提交下列材料：（一）不动产权属证书；（二）证实登记确有错误的材料；（三）其他必要材料。利害关系人申请更正登记的，应当提交利害关系材料、证实不动产登记簿记载错误的材料以及其他必要材料。"根据上述规定，当不动产登记机构登记确有错误时，权利人以及利害关系人可以向不动产登记机构申请更正登记，维护自身的合法权益。如不动产登记机构拒绝更正登记，可依法提起行政诉讼。

（四）土地承包权发生争议的，需先明确权属

《土地管理法》第十四条第一至第三款规定："土地所有权和使用权争议，由当事人协商解决；协商不成的，由人民政府处理。单位之间的争议，由县级以上人民政府处理；个人之间、个人与单位之间的争议，由乡级人民政府或者县级以上人民政府处理。当事人对有关人民政府的处理决定不服的，可以自接到处理决定通知之日起 30 日内，向法院起诉。"因此，如土地承包经营权出现争议，

还需进行权属确认程序，待权属明确后可再行登记。

三、防范（或维权）建议

（1）土地承包人应注意核实承包土地使用情况、登记情况，加强管理。

（2）当发现自己承包的土地登记在他人名下或有其他错误时，应及时向不动产登记机构申请更正。如不动产登记机构拒绝更正，则可向法院提起行政诉讼。

（3）农村土地承包经营权出现权属争议的，应先向当地人民政府申请权属确认。待权属明确后，才可办理登记。

案例21 土地承包合同纠纷应通过什么程序解决

一、基本案情

1999年1月，某市人民政府向谭某户核发了土地承包经营权证，该证载明，发包方将水田3.61亩发包给谭某户，其中地块名称为顶岭的土地0.96亩（东至蓂园村地，南至谭廷有地，西至新村地，北至排水沟）。谭某与陈某于2014年12月30日登记结婚。

2020年，新村经济合作社修建涉案道路，谭某、陈某认为新村经济合作社修建道路占用其承包地，双方发生纠纷。2021年8月11日，谭某、陈某向一审法院起诉请求：排除妨碍，归还土地的使用权；赔偿故意毁坏土地上的树木等农作物价值4055元。

一审法院经审理认为，谭某、陈某与新村经济合作社双方对顶岭的界至存在争议，该纠纷实质是土地权属纠纷，本案不属于法院受理民事诉讼的范围，应由人民政府处理。因此裁定驳回原告谭某、陈某的起诉。

谭某、陈某不服一审判决，上诉请求撤销一审法院民事裁定，改判支持谭某、陈某的诉讼请求。二审法院经审理作出裁定，撤销一审法院民事裁定。

二、案例分析

（一）本案中谭某、陈某的承包土地权属清晰，不存在权属争议

本案中，谭某、陈某主张新村经济合作社修建道路占用其承包地，请求排除妨碍，返还承包地及赔偿损失，并提供了该市人民政府于1999年核发的土地承包经营权证。该土地承包经营权证上对四至记载明确，界至清楚，不存在权属争议。因此本案涉及的土地不存在权属争议。

（二）法院应受理本案，而不应驳回谭某、陈某的起诉

《最高人民法院关于审理涉及农村土地承包纠纷案件适用法律问题的解释》

第一条第一款规定："下列涉及农村土地承包民事纠纷，法院应当依法受理：（一）承包合同纠纷；（二）承包经营权侵权纠纷；（三）土地经营权侵权纠纷；（四）承包经营权互换、转让纠纷；（五）土地经营权流转纠纷；（六）承包地征收补偿费用分配纠纷；（七）承包经营权继承纠纷；（八）土地经营权继承纠纷。"

本案中，谭某、陈某主张新村经济合作社修建道路占用其承包地，属于土地承包权侵权纠纷，法院应依法受理。但本案中一审法院认为是土地权属纠纷并裁定驳回起诉，适用法律有误。因此，二审法院作出撤销一审裁定，指令一审法院对本案进行审理的裁定。

三、防范（或维权）建议

（1）当事人承包的土地权属不明的，应先向所在地人民政府申请确权。签订合同前先核实承包的土地权属，降低承包风险。

（2）当事人发生土地承包权纠纷时，可协商解决，也可向农村土地承包仲裁机构申请仲裁，也可以向法院起诉。当事人向法院起诉时注意收集并向法院提供对自己有利的证据，如能证明权属的土地使用权证、土地承包经营权证等。

案例 22　三方林地补偿协议属于"以租代征"吗

一、基本案情

2006 年 4 月，某村委会与某林业公司签订了《山地承包经营合同》，约定由某村委会将某村的山地 447 亩发包给某林业公司用于营造速生桉等林木及建设有关配套设施，合同期限为 30 年。后某林业公司于 2009 年 5 月 5 日办理了编号为 B4400324469 的《林权证》，且某村委会与某林业公司亦按照合同约定履行至今。该村各村民小组认可每年均收到某村委会转来的 2500 元承包款。

2017 年 7 月 26 日，某县发展和改革局通过招标方式，确定景观公司为某弃土场的投资主体。2019 年 8 月，某林业公司（甲方）、景观公司（乙方）、某村委会（丙方）三方签订了《林地补偿协议》。

《林地补偿协议》约定，景观公司因政府建设需要，需征用甲方林业公司坐落于某村境内部分林地用于建设弃土场，该项目经某县发展和改革局备案登记核准；经林业部门根据林地图实测，乙方需征用甲方林地面积共计 131.11 亩；乙方同意以单价每亩 1200 元补偿甲方。自协议签订日起，该征用的 131.11 亩山租由乙方承担。当地镇人民政府作为鉴证方在该协议加盖公章。《林地补偿协议》签订后，弃土场开始运营。

丙方 3 个村民小组认为，该《林地补偿协议》实为转租协议及征地协议，村委会从未就该事项召开村民会议，作为该村村民小组却对上述签署行为毫不知情；村委会行为已严重违反了《中华人民共和国村民委员会组织法》，同时，林业公司、景观公司和某村委会违反法定程序"以租代征"，请求法院确认三方签订的《林地补偿协议》无效。

法院查明，三方《林地补偿协议》涉及的 131.11 亩林地是在村委会与林业公司签订的《山地承包经营合同》范围内。村民小组的诉讼请求被法院驳回。

二、案例分析

（一）什么是"以租代征"

"以租代征"是指以租用农民土地为名义，不经过正常的征用、审批程序，将租用来的土地进行非农建设，长期占有农民的土地。"以租代征"是违法的，因此存在以下风险："以租代征"的土地不能被确权，进而导致农民的土地权益受到侵害；租金往往会比较低，有时候甚至拿不到租金。

（二）将取得承包经营权的山地进行流转不是"以租代征"

根据农村土地承包法的规定，某林业公司已依法取得某村 279 亩林地的承包经营权。三方《林地补偿协议》将其中的 131.11 亩林地交由景观公司使用，实质属于林地经营权流转（转租）协议，某林业公司有权将其取得承包经营权的山地进行流转，无需经过村民大会或代表大会通过，不属于"以租代征"。

三、防范（或维权）建议

（1）"以租代征"是违法的，注意识别土地承包经营权与"以租代征"之间的本质区别。农民遇到"以租代征"的行为，可以向国土资源部门进行举报；主张合同无效；向人民法院提起行政诉讼。

（2）土地承包经营权流转的，应签订土地承包经营权流转合同并办理备案登记。

案例 23　土地流转合同无效，怎么处理

一、基本案情

2019 年 6 月 1 日，高某与某花木园林有限公司（以下简称花木公司）签订了一份《土地流转合同》，约定将高某位于某村的 6 亩水稻田流转给花木公司种植林木；流转期限 20 年（自 2019 年 1 月 1 日至 2039 年 12 月 30 日），流转费每亩每年 400 元；每年 12 月 1 日前一次性付清全年流转费。同时约定花木公司

不按时交纳土地流转费的，高某享有合同解除权，并收回土地。

合同签订后，花木公司向高某支付了 2019 年、2020 年的土地流转费，没有支付 2021 年的土地流转费。为此，高某多次催要未果，提起诉讼。经法院查实，流转给花木公司的农田属于基本农田，位于基本农田保护区。花木公司在涉案土地上种植果树和花木。

法院认为，涉案《土地流转合同》为高某将其家庭承包的土地租赁给花木公司使用，花木公司向高某支付租金，合同性质应为土地经营权出租合同。合同约定将基本农田用于种植林木，违反了行政法规的强制性规定，应属无效。法院判决花木公司于本判决生效之日起 10 日内将流转土地恢复原状后返还高某；花木公司于本判决生效之日起 10 日内向高某支付土地占有使用费 2400 元。

二、案例分析

（一）土地承包及流转应依法签订书面合同

《农村土地承包合同管理办法》于 2023 年 5 月 1 日生效，强调发包方和承包方应当采取书面形式签订承包合同，以及承包合同转让及档案和信息管理。《农村土地经营权流转管理办法》规定承包方可以采取出租（转包）、入股或者其他合法的方式流转土地经营权，并规定了土地经营权流转合同一般应包括的内容。

（二）《土地流转合同》因违反《基本农田保护条例》规定而无效

我国实行基本农田保护制度。基本农田是按照一定时期人口和社会经济发展对农产品的需求，依据土地利用总体规划确定的不得占用的耕地。基本农田保护区是指为对基本农田实行特殊保护而依据土地利用总体规划和依照法定程序确定的特定保护区域。《基本农田保护条例》规定，禁止任何单位和个人占用基本农田发展林果业和挖塘养鱼。该条例属于行政法规，涉案合同约定将基本农田用于种植林木，违反了该条例的强制性规定，因此《土地流转合同》无效。

（三）合同无效的应返还财产，有过错的赔偿对方损失

因《土地流转合同》无效，根据民法典规定，民事法律行为无效的，应当返还财产，或折价补偿，或由过错方赔偿损失。因此，本案中高某可要求花木公司返还土地、恢复土地原状。由于花木公司实际占有了高某土地的，法院支持高某要求花木公司参照合同约定的每亩每年 400 元租金标准支付占有使用费的诉求。

三、防范（或维权）建议

（1）农村家庭承包方式中，发包方和承包方应依法签订土地承包经营权合同。

（2）农业生产经营者需要土地的，应依法与承包方签订土地承包经营权流转合同，明确是转让、出租还是其他合法方式流转。应注意查阅原土地承包合同，核实流转土地的基本情况、权属是否有争议、是否已经抵押、是否属于基本农田等。流转后的土地不得改变其用途。

（3）合同要规范，内容要合法。签订后的《土地流转合同》需到发包方办理备案。

案例 24　承包方擅自改变土地用途的，需承担什么法律责任

一、基本案情

甲村委会与张某签订了《土地承包合同》，约定将甲村委会的 25 亩土地承包给张某，土地用途为粮食作物种植，承包期限为 5 年。在承包期间，未经甲村委会同意，张某不得擅自改变土地使用性质及用途，不得出租、转让、转包、抵押承包的土地等。

合同签订不久，张某改变土地用途进行水产养殖。被发现后，甲村委会要求张某进行整改，恢复土地种植，但张某迟迟未将土地进行复耕种植农作物。后甲村委会诉至法院，请求张某立即恢复土地原状进行粮食种植，最终，甲村委会的主张得到法院的支持。

二、案例分析

（一）我国现行法律对土地用途实行严格的管制制度，不论国家所有还是农民集体所有的土地都必须按照法律规定和合同约定的用途进行使用

土地管理法第四条规定："国家实行土地用途管制制度。国家编制土地利用总体规划，规定土地用途，将土地分为农用地、建设用地和未利用地。严格限制农用地转为建设用地，控制建设用地总量，对耕地实行特殊保护……使用土地的单位和个人必须严格按照土地利用总体规划确定的用途使用土地。"

农村土地承包法第十八条规定："承包方承担下列义务：（一）维持土地的农业用途，未经依法批准不得用于非农建设；（二）依法保护和合理利用土地，不得给土地造成永久性损害；（三）法律、行政法规规定的其他义务。"

（二）张某擅自改变土地用途的行为违反了《土地承包合同》的约定，应当承担违约责任

农村土地承包法第五十九条规定："当事人一方不履行合同义务或者履行义务不符合约定的，应当依法承担违约责任。"

本案中，张某与甲村委会签订《土地承包合同》，约定不得擅自改变土地使用性质及用途。而张某在承包土地上进行水产养殖的行为，明显违反了双方的约定，理应承担违约责任。

（三）若张某擅自变更土地用途的行为对承包地造成永久性损害，甲村委会要求其赔偿损失的，张某应予赔偿

《最高人民法院关于审理涉及农村土地承包纠纷案件适用法律问题的解释》第八条规定："承包方违反农村土地承包法第十八条规定，未经依法批准将承包地用于非农建设或者对承包地造成永久性损害，发包方请求承包方停止侵害、恢复原状或者赔偿损失的，应予支持。"若张某擅自变更土地用途的行为对承包地造成永久性损害，还将承担恢复原状或者赔偿损失的责任。

三、防范（或维权）建议

（1）承包方应当按照合同的约定使用土地，不能擅自改变土地用途。

（2）若已擅自改变土地用途的，经村委会要求，应及时恢复土地原用途，逾期恢复或不恢复的，将承担由此产生的法律责任。

（3）作为发包方的村委会，有权监督承包方依照承包合同约定的用途合理利用和保护土地，发现承包方擅自改变土地用途的，有权对承包方损害承包地和农业资源的行为进行制止，要求其恢复原状。若承包方拒不恢复，可以起诉至法院。

案例 25　经营驾校使用农用地是否需要办理用地手续

一、基本案情

某村民小组有一地块，共计 12462.56 平方米，包括旱地（26.79 平方米）、果园（3250.1 平方米）、乔木林地（120.23 平方米）、灌木林地（38.4 平方米）、工业用地（2977.83 平方米）和养殖坑塘（6049.21 平方米），该土地在土地利用总体规划范围内。

2021 年 3 月，该村民小组为经营驾校，未经批准使用该地块进行建设活动板房、简易铁棚以及硬化地面，作为驾驶员训练场地使用。

2021 年 8 月，该村民小组接到有关部门的通知，在涉案土地上存在变更使用农用地土地用途的情况，要求该村民小组及时处理。后该村民小组被自然资源主管部门责令限期拆除在非法占用的土地上新建的建筑物和其他设施，恢复土地原状，并予以罚款。

二、案例分析

（一）该村民小组的行为不合法

土地管理法第四十四条规定："建设占用土地，涉及农用地转为建设用地的，应当办理农用地转用审批手续。……在已批准的农用地转用范围内，具体建设项目用地可以由市、县人民政府批准。在土地利用总体规划确定的城市和村庄、集镇建设用地规模范围外，将永久基本农田以外的农用地转为建设用地的，由国务院或者国务院授权的省、自治区、直辖市人民政府批准。"农用地转用审批是土地用途管制制度的关键环节，是控制农用地转为建设用地的重要措施。该村民小组未经批准占用该地块部分农用地进行建设，已违反法律禁止性规定。

（二）该村民小组面临被行政处罚的法律风险

土地管理法第七十七条第一款规定："未经批准或者采取欺骗手段骗取批准，非法占用土地的，由县级以上人民政府自然资源主管部门责令退还非法占用的土地，对违反土地利用总体规划擅自将农用地改为建设用地的，限期拆除在非法占用的土地上新建的建筑物和其他设施，恢复土地原状，对符合土地利用总体规划的，没收在非法占用的土地上新建的建筑物和其他设施，可以并处罚款；对非法占用土地单位的直接负责的主管人员和其他直接责任人员，依法给予处分；构成犯罪的，依法追究刑事责任。"该村民小组可能会承担退还占用土地、恢复土地原状、拆除或者没收违法建筑并被处以罚款的行政责任。

（三）乡村建设需要使用土地的应当如何办理手续

关于乡村建设使用土地的要求，土地管理法第四十四、第五十九、第六十、第六十一、第六十二条分别作了规定。其中，土地管理法第六十条规定："农村集体经济组织使用乡（镇）土地利用总体规划确定的建设用地举办企业或者与其他单位、个人以土地使用权入股、联营等形式共同举办企业的，应当持有关批准文件，向县级以上地方人民政府自然资源主管部门提出申请，按照省、自治区、直辖市规定的批准权限，由县级以上人民政府批准；其中，涉及占用农用地的，依照本法第四十四条的规定办理审批手续。"根据该规定，相关乡村建设主体应当向县级以上地方人民政府自然资源主管部门提出申请，经批准才能进行建设。

三、防范（或维权）建议

（1）乡村建设用地要符合乡（镇）土地利用总体规划确定的地块用途，不得随意改变土地用途。村民经营驾校使用农用地土地需要办理用地手续。

（2）应当依照土地管理法有关规定办理农用地转用审批手续后，由市、县人民政府城乡规划主管部门核发乡村建设规划许可证。

案例 26　能否占用基本农田种植苗木花卉

一、基本案情

刘某在未取得相关行政主管部门批准的情况下在其租赁同村村民承包的土地上建设钢构大棚及辅助设施，占用土地 3.2 亩，用于苗木花卉种植。

经自然资源主管部门核查，该宗土地性质为永久基本农田，现状为耕地。后刘某被自然资源主管部门责令改正。

二、案例分析

（一）刘某的行为不合法

土地管理法第三十七条第三款："禁止占用永久基本农田发展林果业和挖塘养鱼。"刘某擅自在永久基本农田上建设钢构大棚及辅助设施，已然违反行政法规的强制性规定。

（二）关于耕地用途管制的规定

耕地是粮食生产的重要基础，要解决好十四亿多人口的吃饭问题，必须守住耕地这个根基，耕地的数量与质量直接关系国家粮食安全。党中央、国务院高度重视耕地保护，习近平总书记多次作出重要指示、批示。

土地管理法第四条规定："国家实行土地用途管制制度。国家编制土地利用总体规划，规定土地用途，将土地分为农用地、建设用地和未利用地。严格限制农用地转为建设用地，控制建设用地总量，对耕地实施特殊保护。……使用土地的单位和个人必须严格按照土地利用总体规划确定的用途使用土地。"土地管理法实施条例第十二条第一款规定："国家对耕地实行特殊保护，严守耕地保护红线，严格控制耕地转为林地、草地、园地等其他农用地……"土地利用总体规划是实行土地用途管制的依据，使用土地的单位和个人必须严格按照土地利用总体规划确定的土地用途使用土地，未经批准不得改变土地利用总体规划确定的土地用途，防止耕地"非粮化"。

（三）关于占用基本农田发展林果业和挖鱼塘的法律后果

土地管理法第三十七条规定："禁止占用永久基本农田发展林果业和挖鱼塘养鱼。"对于占用永久基本农田发展林果业和挖鱼塘的法律后果，土地管理法实施条例第五十一条明确规定："违反土地管理法第三十七条的规定非法占用永久基本农田发展林果业和挖塘养鱼的，由县级以上人民政府自然资源主管部门责令限期改正；逾期不改正的，按占用面积处耕地开垦费二倍以上五倍以下的罚款；破坏种植条件的，依照土地管理法第七十五条的规定处罚。"

三、防范（或维权）建议

（1）不能占用基本农田种植苗木花卉。近年来，国务院办公厅先后下发《关于坚决制止耕地"非农化"行为的通知》和《关于防止耕地"非粮化"稳定粮食生产的意见》，提出了防止耕地"非农化""非粮化"的措施，其中就包括严禁违规占用耕地绿化造林，禁止占用永久基本农田种植苗木、草皮等用于绿化装饰以及其他破坏耕作层的植物。

（2）未经批准占用永久基本农田发展林果业和挖鱼塘的可能面临行政处罚的法律风险。

案例 27 自然资源行政处罚决定如何强制执行

一、基本案情

某食品公司于 2019 年 9 月开始，在某村后门岭的土地上占地搭建，用地面积 1327 平方米，其中搭盖占地面积 1023 平方米，硬化面积 304 平方米；已建两处钢结构铁皮简搭及水泥固化埕地，用途为农产品加工场；该地类为果园，符合某县土地利用总体规划。

2019 年 11 月，某县自然资源局以食品公司上述行为违反土地管理法第四十三条第一款，第四十四条第一款、第四款，第七十六条第一款，土地管理法实施条例第四十二条的规定，构成非法占地为由，作出《行政处罚决定书》，处罚决定如下：责令退还非法占用的土地面积；没收在非法占用的土地上新建的建筑物和其他设施，并处罚款。2020 年 8 月 20 日，县自然资源局向县人民法院申请执行该行政处罚决定。

法院受理后，组成合议庭。经审查认定，县自然资源局作出的《行政处罚决定书》，于 2019 年 11 月 25 日依法送达给食品公司，食品公司在法定期限内未依法申请复议或向法院提起行政诉讼。县自然资源局于 2020 年 5 月 26 日向食品公司依法送达《行政处罚决定履行催告书》，催告书送达 10 天后，食品公司仍未履行行政处罚决定的第一、第二项。

法院认为，县自然资源局作出的行政处罚决定，在行政主体、行政权限、行为根据和依据方面合法。食品公司在法定期限内既未申请复议也未提起行政诉讼，经催告仍未履行全部义务。县自然资源局向法院申请强制执行，符合法律规定。根据相关文件的规定，法院裁定县自然资源局作出的自然资源行政处罚决定书依法准予强制执行，由执行标的所在地镇人民政府组织实施。

二、案例分析

（一）本案所涉的违法占地行为发生在 2019 年，自然资源行政处罚决定适用 2004 年修订的土地管理法规定

现行的土地管理法于 2019 年 8 月修订，自 2020 年 1 月 1 日起施行。删除了原法第四十三条关于"任何单位和个人进行建设，需要使用土地，必须依法申请使用国有土地"的规定，允许集体经营性建设用地在符合规划、依法登记，并经本集体经济组织 2/3 以上成员或者村民代表同意的条件下，通过出让、出租等方式交由集体经济组织以外的单位或者个人直接使用。同时，使用者取得集体经营性建设用地使用权后还可以转让、互换或者抵押。

这一规定破除了集体经营性建设用地进入市场的法律障碍。但集体经营性建设用地入市必须遵守土地管理法（2019 修正）第四十四条第一款"建设占用土地，涉及农用地转为建设用地的，应当办理农用地转用审批手续"的规定，否则构成非法占地。

（二）对于非法占用土地的强制处罚决定，须遵守《中华人民共和国行政强制法》的规定

依照土地管理法规定，责令限期拆除在非法占用的土地上新建的建筑物和其他设施，建设单位或者个人对责令限期拆除的行政处罚决定不服的，可以在接到责令限期拆除决定之日起 15 日内，向法院起诉；期满不起诉又不自行拆除的，由作出处罚决定的机关依法申请法院强制执行，费用由违法者承担。

依照《中华人民共和国行政强制法》规定，行政机关申请法院强制执行前，应当催告当事人履行义务。催告书送达 10 日后当事人仍未履行义务的，行政机关可以向所在地有管辖权的法院申请强制执行。法院对行政机关强制执行的申请进行书面审查。

但值得注意的是，根据现行相关法律规定，乡、村庄规划区内的建筑物违反城乡规划法的，可由乡、镇人民政府依法强制拆除，规划区外的建筑物违反土地管理法规定的，应当由行政机关申请人民法院强制拆除。所以，在查处违法建筑的过程中，行政机关需要对违法建筑物的性质进行调查。

三、防范（或维权）建议

（1）企业到乡村投资项目需要用地的，应办理土地使用的审批手续。目前，审批土地使用权涉及的法律法规政策较多，有些还处于试行、探索或调整阶段，具有不确定性。因此，企业应向当地政府自然资源行政部门咨询了解后再办理。

（2）如企业或个人认为行政机关强制处罚决定侵犯自己的合法权益的，可以在法定的期限内提出行政复议、行政诉讼。

（3）建设单位或者个人对行政机关作出责令限期拆除的行政处罚决定不服的，可以在接到责令限期拆除决定之日起 15 日内，向人民法院起诉；期满不起诉又不自行拆除的，作出处罚决定的行政机关依法申请人民法院强制执行。

（4）对于以前存在的手续不全、涉嫌违法占用土地、政府行政管理部门处罚决定涉及强制拆除的，行政机关应按法律规定的程序执行。责令限期拆除违法建筑物和其他设施的，作出处罚决定的机关应依法申请人民法院强制执行，不得自行立即强制拆除。

案例 28　未经批准占用耕地建房会被判刑吗

一、基本案情

2016 年 3 月，刘某经人介绍以 1000 万元的价格与北京某合作社的法定代表人池某商定，受让合作社某村东北蔬菜大棚 377 亩集体土地使用权。刘某指使其司机刘某岐与池某签订转让意向书，约定将合作社土地使用权及地上物转让给刘某岐。同年 10 月 21 日，合作社的法定代表人变更为刘某岐。其间，刘某未经国土资源部门批准，以合作社的名义组织人员对蔬菜大棚园区进行非农建设改造，并将园区命名为"某庄园"。截至案发，刘某组织人员共建设"大棚房" 260 余套，并对外出租。经机构组织测绘鉴定，该项目占用耕地 28.75 亩，其中含永久基本农田 22.84 亩，造成耕地种植条件被破坏。

2017 年 4 月，相关部门先后对该项目下达《行政处罚决定书》《责令停止建设通知书》《限期拆除决定书》，均未得到执行。2017 年 5 月，人民政府组织有关部门将上述违法建设强制拆除。

法院认为，刘某违反土地管理法，非法占用耕地进行非农建设改造，改变被占土地用途，数量较大，造成农用地大量毁坏，其行为已构成非法占用农用地罪，应予刑事处罚。被告人刘某犯非法占用农用地罪，判处有期徒刑 1 年 6 个月，并处罚金 5 万元。

二、案例分析

（一）什么行为会构成非法占用农用地罪

刑法第三百四十二条规定："违反土地管理法规，非法占用耕地、林地等农用地，改变被占用土地用途，数量较大，造成耕地、林地等农用地大量毁坏的，处五年以下有期徒刑或者拘役，并处或者单处罚金。"《最高人民法院关于审理破坏森林资源刑事案件适用法律若干问题的解释》第一条规定："具有下列情形之一的，应当认定为刑法第三百四十二条规定的'数量较大，造成耕地、林地等农用地大量毁坏'：（一）非法占用并毁坏公益林地五亩以上的；（二）非法占用并毁坏商品林地十亩以上的；（三）非法占用并毁坏的公益林地、商品林地数量虽未分别达到第一项、第二项规定标准，但按相应比例折算合计达到有关标准的；（四）二年内曾因非法占用农用地受过二次以上行政处罚，又非法占用林地，数量达到第一项至第三项规定标准一半以上的。"本案中，刘某未经国土资源部门批准，对蔬菜大棚园区进行非农建设改造，占用耕地 28.75 亩，其中含永久基本农田 22.84 亩，造成耕地种植条件被破坏。其行为已构成非法占用农用地罪。

（二）构成非法占用农用地罪会受到什么处罚

根据刑法第三百四十二条的规定，构成非法占用农用地罪，处 5 年以下有期徒刑或者拘役，并处或者单处罚金。本案中，刘某的行为构成非法占用农用地罪，综合其量刑情节，法院对其判处有期徒刑 1 年 6 个月，并处罚金 5 万元的刑罚。

三、防范（或维权）建议

十分珍惜、合理利用土地和切实保护耕地是我国的基本国策。从 2020 年 7 月 3 日起，所有农村建房需求均要"先审批、后建设"。"未批先建"造成乱占耕地的，视为"新增占耕建房行为"予以拆除。对此，律师建议：

（1）不要触碰法律底线，擅自占用耕地用于建设住宅或是大棚房等。

（2）在建设之前一定要向所在地村委会或是其他相关部门申请，并办理审批手续。具体申请事项可向所在地的村委会或乡（镇）人民政府咨询办理。

第五章　种子与农资经营

【学习目标】1. 学习关于种子、农药、兽药、化肥等生产经营监管涉及的法律法规；2. 了解从事种子、农药、兽药、化肥等生产经营活动常见的法律风险。

案例29　售卖未经审定的主要农作物种子会被处罚吗

一、基本案情

某农资经营部于 2021 年 10 月至 2022 年 4 月分别从某农业技术开发有限公司购进 700 袋甜糯黑宝 509（100 克/袋）、380 袋甜糯黑宝 509（200 克/袋）、480 袋甜糯黑宝 510、400 袋京紫香糯、120 袋抢早彩甜糯；从市三联种业中心购进 50 袋黄糯玉米、50 袋菠萝玉米、100 袋黑宝甜糯玉米、150 袋彩甜糯玉米；从某农业科技有限公司购进 30 袋白甜糯玉米，从某种子销售有限公司购进 150 袋香甜水果玉米在门市及网络平台上推广、销售。

当地农业农村局对该农资经营部进行现场执法检查时，发现上述种子均未标注品种审定编号，未经国家级或省级审定委员会审定通过。当地农业农村局依法没收该农资经营部售卖种子所得钱款，并没收了尚未售卖的种子，对该农资经营部实施了 12 万元的行政罚款。

二、案例分析

（一）什么是种子

《中华人民共和国种子法》（以下简称"种子法"）第二条第二款规定："……种子，是指农作物和林木的种植材料或者繁殖材料，包括籽粒、果实、根、茎、苗、芽、叶、花等。"

（二）玉米属于主要农作物

种子法第九十条第二项规定："主要农作物是指稻、小麦、玉米、棉花、大豆。"因此本案涉及的玉米是主要农作物。

（三）我国实行主要农作物种子品种审定制度，某农资经营部售卖玉米种子没有经过审定就推广和销售违法，应受处罚

依据种子法第十五条规定："国家对主要农作物和主要林木实行品种审定制度。主要农作物品种和主要林木品种在推广前应当通过国家级或者省级审定。由省、自治区、直辖市人民政府林业草原主管部门确定的主要林木品种实行省级审定。"作为主要农作物的玉米种子，在推广前应当依法通过审定，品种审定制度对于保证主要农作物的种子及主要林木品种的质量、稳定性及差异性具有非常重要的作用，这是农业基本的经济制度。

某农资经营部所售卖的玉米种子未经审定就销售和推广，违反了种子法的相关规定，因此被农业农村局依法给予行政处罚。

三、防范（或维权）建议

（1）要注意销售或购买的种子是属于主要农作物种子还是非主要农作物种子，如果是主要农作物种子应通过国家级或省级审定。

（2）注意查看所购买的种子的来源，即售卖种子的商户是否有种子生产经营许可证。

（3）在购买种子时，注意查看种子的标签及使用说明，标签上应当标注种子类别、品种名称、品种审定或者登记编号、品种适宜种植区域及季节、生产经营者及注册地、质量指标、检疫证明编号、种子生产经营许可证编号和信息代码，以及国务院农业农村、林业草原主管部门规定的其他事项。如果标签上没有这些相应的信息，则售卖的种子是不符合法律规定的。

案例 30　售卖种子未进行风险提示需要承担赔偿责任吗

一、基本案情

2021 年 7 月 28 日，任某和王某（乙方）与惠某（甲方）签订《2021 年无棒玉米青贮订购合同》，约定甲方惠某订购乙方种植的无棒玉米青贮，每吨 140 元。惠某共计向任某支付收购款 830458 元，向王某支付 8000 元，共计 838458 元。后任某因供应的无棒玉米青贮的质量不达标被惠某索赔。

2021 年 10 月 8 日，某市农业农村局因圣禾农业公司经营的北农青贮 208 玉米种子未经备案，种子标签无信息代码，遂对该公司实施行政处罚。

任某得知后向法院起诉，要求圣禾农业公司返还其购买的种子款及赔偿种子种植产生不良玉米导致的损失。经法院审理认定，圣禾农业公司受有资质的金丰

源种业公司委托，代为销售该玉米种子，金丰源种业公司将该玉米种子在当地备案。圣禾农业公司销售的玉米种子未经备案及种子标签无信息代码，虽然所销售的种子不存在质量问题，但该玉米种子不适合在某地种植，圣禾农业公司应当向任某做出风险提示，但圣禾农业公司未做出风险提示。因此，圣禾农业公司应承担任某种植该玉米产生的损失的 10%。

二、案例分析

种子使用者对种子的质量是否合格、种子适合在哪里种植非常关注。如果种子质量不合格或种子使用者不能在使用地种植种子，可能造成农作物绝产或产出质量数量均不符合种子使用者的预期，给种子使用者造成极大损失。

（一）圣禾农业公司销售玉米种子时有义务向任某作出种子不适合在某地种植的风险提示

种子法第四十条第六款规定："种子生产经营者应当遵守有关法律、法规的规定，诚实守信，向种子使用者提供种子生产者信息、种子的主要性状、主要栽培措施、适应性等使用条件的说明、风险提示与有关咨询服务，不得作虚假或者引人误解的宣传。"圣禾农业公司在销售玉米种子时有义务向任某作出种子不适合在某地种植的风险提示。

（二）圣禾农业公司应承担任某种植该玉米产生的部分损失

种子法第四十五条规定："种子使用者因种子质量问题或者因种子的标签和使用说明标注的内容不真实，遭受损失的，种子使用者可以向出售种子的经营者要求赔偿，也可以向种子生产者或者其他经营者要求赔偿。赔偿额包括购种价款、可得利益损失和其他损失。属于种子生产者或者其他经营者责任的，出售种子的经营者赔偿后，有权向种子生产者或者其他经营者追偿；属于出售种子的经营者责任的，种子生产者或者其他经营者赔偿后，有权向出售种子的经营者追偿。"因种子质量问题或者标签和使用说明内容不真实而造成损失的，应当承担赔偿责任。

三、防范（或维权）建议

（1）种子生产经营者在生产经营过程中要诚实守信，应如实向种子使用者提供种子的各种信息，不得虚假夸大种子用途功能等。

（2）种子使用者在选购种子时一定要注意查看种子的各种情况，包括但不限于种子生产者信息、种子的主要性状、主要栽培措施、适应性等使用条件的说明、风险提示等情况。

（3）种子使用者在种植过程中，如果出现绝产或产量低质量差的情况，要及时固定证据，聘请有资质的机构作出相应的产量低质量差原因的鉴定，为后期向种子售卖者索赔提供有力的证据。

案例 31　无种子生产经营档案的经营者需要承担赔偿责任吗

一、基本案情

2019 年，董某、李某从文河农资店购买玉米种，其中包括用于 50 亩地种植的"种地 88"玉米种、用于 40 亩地种植的"来玉 317"玉米种及相关农药产品。

董某、李某种植上述种子后，2019 年的玉米存在不同程度的倒伏及空棵情况，收成欠佳。董某、李某以文河农资店出售的种子存在质量问题造成其玉米大面积减产、绝产为由，要求文河农资店赔偿损失 8 万元。文河农资店认为董某、李某种植的玉米过于密集不利于玉米的生长，且当年的气候条件也不利于玉米生长为由拒绝赔偿董某及李某的损失。

董某、李某起诉到法院，要求文河农资店赔偿其损失。法院经审理认为，董某、李某应提供其种植的玉米歉收是由文河农资店售卖的玉米种子质量不合格所致的证据，但董某、李某未能提供。文河农资店作为经营者，应当建立种子来源、数量、质量等生产经营档案，但文河农资店没有建立该生产经营档案，导致无法对玉米种子的质量是否合格进行鉴定，应当承担过错责任。法院判决文河农资店赔偿董某、李某损失 3 万元。

二、案例分析

（一）文河农资店有义务建立种子生产经营档案

种子法第三十六条规定："种子生产经营者应当建立和保存包括种子来源、产地、数量、质量、销售去向、销售日期和有关责任人员等内容的生产经营档案，保证可追溯。种子生产经营档案的具体载明事项，种子生产经营档案及种子样品的保存期限由国务院农业农村、林业草原主管部门规定。"种子生产经营者有义务建立和保存包括种子来源、产地、数量、质量等生产经营档案，这是种子生产经营者的强制性义务。因此文河农资店有义务建立种子生产经营档案。

（二）文河农资店没有建立生产经营档案，应承担行政责任

种子法第七十九条规定："违反本法第三十六条、第三十八条、第三十九条、第四十条规定，有下列行为之一的，由县级以上人民政府农业农村、林业草

原主管部门责令改正，处二千元以上二万元以下罚款：……（四）未按规定建立、保存种子生产经营档案的……"主管机关应责令未建立种子生产经营档案的种子生产经营者改正并实施行政处罚。

（三）文河农资店没有建立生产经营档案违反法律规定，存在过错，应承担民事赔偿责任

依据民法典第一千一百六十五条"行为人因过错侵害他人民事权益造成损害的，应当承担侵权责任"、第一千一百八十四条"侵害他人财产的，财产损失按照损失发生时的市场价格或者其他合理方式计算"的规定，文河农资店应赔偿董某、李某损失。

三、防范（或维权）建议

（1）种子生产经营者应严格按法律规定，履行其应有的义务，建立种子生产经营档案，保证种子可追溯性。

（2）种子生产经营者应妥善保管生产经营档案，对购进的种子来源合法、质量合格等材料应当妥善保管。在产生种子纠纷时，生产经营档案是种子生产经营者免责的重要证据。

案例32　在自己的产品上印他人的注册商标有什么后果

一、基本案情

甜蜜蜜农业公司是我国独家代理经营西州密25号哈密瓜的农业公司，并申请注册了第10304396号"晓蜜"商标，有效期至2023年2月20日。2021年5月甜蜜蜜农业公司发现一个名为"大头水果店"的店铺正在销售"晓蜜"哈密瓜，便向某公证处申请证据保全公证，由公证人员记录了在大头水果店购买"晓蜜"哈密瓜的全过程。

随后，甜蜜蜜农业公司向法院提起诉讼，要求大头水果店立即停止侵犯原告第10304396号"晓蜜"注册商标专用权的行为，并赔偿损失6万元。

最终，法院判决大头水果店立即停止侵犯"晓蜜"注册商标专用权的行为，并赔偿甜蜜蜜农业公司16000元。

二、案例分析

（一）未经许可使用他人商标应承担什么责任

甜蜜蜜农业公司系涉案第10304396号"晓蜜"注册商标权利人，该商标处于法律有效保护期内，甜蜜蜜农业公司享有的商标专用权应受法律保护。

《中华人民共和国商标法》（以下简称"商标法"）规定，未经注册商标权利人许可，在同一种商品上使用与其注册商标近似的商标，或者在类似商品上使用与其注册商标相同或者近似的商标，容易导致混淆的，属于侵犯注册商标专用权的行为。销售侵犯注册商标专用权的商品的，亦属于侵犯注册商标专用权的行为，应当承担停止侵权、赔偿损失等民事责任。

在本案中，大头水果店销售的是哈密瓜，与甜蜜蜜农业公司注册商标核定使用的商品相同；大头水果店销售的哈密瓜的标签上印有"晓蜜"字样，与甜蜜蜜农业公司注册商标相对比，在文字字体、发音、含义及使用类别上均为近似。据此，法院依法认定大头水果店的行为侵犯了甜蜜蜜农业公司的注册商标专用权，大头水果店应承担停止侵权及赔偿损失的责任。

（二）销售者无法证明该商品是自己合法取得并说明提供者的也要承担责任

商标法第六十四条第二款规定："销售不知道是侵犯注册商标专用权的商品，能证明该商品是自己合法取得并说明提供者的，不承担赔偿责任。"

在本案中，大头水果店提出自己的哈密瓜是在无锡批发市场进的货，自己根本不知道上游供应商侵犯了他人的商标权，不应当承担相应责任。但是，由于大头水果店没有提供销售的哈密瓜的合法进货来源的凭证，因此法院判决其仍应当承担侵权赔偿责任。

三、防范（或维权）建议

（1）未经他人许可，不能在同一种商品上使用与其注册商标近似的商标，或者在类似商品上使用与其注册商标相同或者近似的商标。

（2）销售者在进货时应注意保存进货来源凭证，如上游供货商的合同、发票、付款回单、海关报关单等，证明自己已经尽到一个审查货物来源的合理注意义务，没有故意销售侵犯商标权产品。

（3）发现他人销售侵犯自己商标权的产品时，应注意取证，最好能委托公证处进行证据保全。

案例 33　销售假冒植物新品种违法吗

一、基本案情

2023 年 2 月 21 日，某农业农村局的执法人员到黄河滩巡查高剧毒农药时，在黄河滩黄牛场一种植户处发现有小麦种子销售。执法人员向当事人某种业公司出示证件，经当事人确认后对其种子进行了执法检查。检查中发现该种子是某种业公司生产的新矮化烟农 19 小麦种子，审定编号为鲁农审字〔2001〕001 号。

经执法人员对当事人询问得知，新矮化烟农 19 小麦种子是上一年剩下的，种植户武某系某种业有限公司（以下简称"种业公司"）法定代表人，检查发现的新矮化烟农 19 小麦种子是当事人在永济黄河滩承包地里产出的粮食，用车运到种业公司包装后再运回永济进行销售。当事人无法提供新矮化烟农 19 小麦原种种子任何手续，该小麦种子非新矮化烟农 19 小麦种子，属于假冒小麦授权品种种子。执法人员依法对该小麦种子进行了证据登记保存，制作了现场检查笔录和询问笔录，并依法没收种业公司违法所得 8000 元和尚未销售的小麦种子 500 千克（20 袋，25 千克 / 袋），并处 60000 元罚款。

二、案例分析

（一）国家实行植物新品种保护制度

种子法第二十五条规定："国家实行植物新品种保护制度。对国家植物品种保护名录内经过人工选育或者发现的野生植物加以改良，具备新颖性、特异性、一致性、稳定性和适当命名的植物品种，由国务院农业农村、林业草原主管部门授予植物新品种权，保护植物新品种权所有人的合法权益。植物新品种权的内容和归属、授予条件、申请和受理、审查与批准，以及期限、终止和无效等依照本法、有关法律和行政法规规定执行。"

如果新矮化烟农 19 小麦种子是植物新品种，则国家对新矮化烟农 19 小麦种子实施保护。

（二）没有任何手续的植物新品种属于假冒植物新品种

种子法第二十八条第二款规定："任何单位或者个人未经植物新品种权所有人许可，不得生产、繁殖和为繁殖而进行处理、许诺销售、销售、进口、出口以及为实施上述行为储存该授权品种的繁殖材料……"

种业公司无法提供关于其销售的新矮化烟农 19 小麦种子的任何手续，新矮化烟农 19 小麦种子属于假冒植物新品种。

（三）销售假冒植物新品种违反种子法应受行政处罚

种子法第七十二条第七款规定："假冒授权品种的，由县级以上人民政府农业农村、林业草原主管部门责令停止假冒行为，没收违法所得和种子；货值金额不足五万元的，并处一万元以上二十五万元以下罚款；货值金额五万元以上的，并处货值金额五倍以上十倍以下罚款。"

某种业公司销售假冒小麦授权品种种子应受行政处罚。

三、防范（或维权）建议

（1）应注意辨别所销售的种子是否是植物新品种，如果是植物新品种则该植物新品种应依法拥有植物新品种权。

（2）种子销售者销售授权植物新品种种子的，应当取得植物新品种所有权人的授权。

（3）种子销售者在销售授权植物新品种种子时应当标注植物新品种的授权号。

案例 34　可以随便售卖农药吗

一、基本案情

江苏某公司分别于 2021 年 5 月 30 日、2022 年 3 月 14 日以及 2022 年 8 月 10 日向某市某公司销售 3 批共计 25 盒安贝儿天然精油驱蚊贴。该驱蚊贴标签内容，注册商标为"安贝儿"，产品名称为"天然精油驱蚊贴"，生产厂商为"厦门某公司"，功能描述为"天然植物精油配方，温和不刺激，长效驱蚊"，但未标示农药登记证号。

某市农业农村局经"中国农药信息网"查询，结果表明厦门某公司未取得生产驱蚊贴农药登记证，于是认定江苏某公司销售的上述安贝儿天然精油驱蚊贴属于未依法取得农药登记证而生产的农药，遂责令江苏某公司停止经营该产品，没收江苏某公司违法所得、违法经营的农药和用于违法经营的工具、设备等，并处罚款 5000 元。

二、案例分析

（一）什么是农药

《农药管理条例》第二条第一款规定："本条例所称农药，是指用于预防、控制危害农业、林业的病、虫、草、鼠和其他有害生物以及有目的地调节植物、昆虫生长的化学合成或者来源于生物、其他天然物质的一种物质或者几种物质的混合物及其制剂。"第二条第二款第五项规定的农药包括用于不同目的、场所：预防、控制蚊、蝇、蜚蠊、鼠和其他有害生物。本案涉及的注册商标为"安贝儿"、产品名称为"天然精油驱蚊贴"的驱蚊贴属于农药。

（二）生产农药应取得农药生产许可

依据《农药管理条例》第十七条规定："国家实行农药生产许可制度。……省、自治区、直辖市人民政府农业主管部门应当自受理申请之日起 20 个工作日内作出审批决定，必要时应当进行实地核查。符合条件的，核发农药生产许可证；不符合条件的，书面通知申请人并说明理由。"生产农药必须取得农药生产许可证。

（三）没有农药生产许可证的农药是假农药

《农药管理条例》第四十四条第二款规定："禁用的农药，未依法取得农药登记证而生产、进口的农药，以及未附具标签的农药，按照假农药处理。"

没有取得农药登记证而生产的农药按照假农药处理。该天然精油驱蚊贴未标示农药登记证号，经"中国农药信息网"查询，结果表明厦门某公司未取得生产驱蚊贴农药登记证。因此该天然精油驱蚊贴属于假农药。

三、防范（或维权）建议

（1）应向取得农药生产许可证的农药生产企业或者取得农药经营许可证的其他农药经营者处采购农药。

（2）采购农药时应查验产品包装、标签、产品质量检验合格证以及有关许可证明文件等，确保所采购的农药符合法律规定。

案例 35　可以售卖过期农药吗

一、基本案情

2023 年 1 月，某农业农村局的执法人员到某农资经营部检查，当场发现该经营部正在售卖过期的异菌脲和苜蓿银纹夜蛾核型多角体病毒农药，执法人员扣押了过期的农药。某农业农村局依法对某农资经营部处 2000 元罚款，并没收过期农药及卖过期农药的违法所得 200 元。

二、案例分析

（一）过期农药属于劣质农药

依据《农药管理条例》第四十五条规定："有下列情形之一的，认定为劣质农药：（一）不符合农药产品质量标准；（二）混有导致药害等有害成分。超过农药质量保证期的农药，按照劣质农药处理。"本案某农资经营部经营过期的农药为劣质农药。

（二）处理劣质农药有专门规定

《农药管理条例》第四十六条规定："假农药、劣质农药和回收的农药废弃物等应当交由具有危险废物经营资质的单位集中处置，处置费用由相应的农药生产企业、农药经营者承担；农药生产企业、农药经营者不明确的，处置费用由所在地县级人民政府财政列支。"

三、防范（或维权）建议

（1）农药经营者不得售卖假农药、过期农药等劣质农药。

（2）在生产经营过程中，农药经营者应定期检查销售的农药是否存在与产品不符的包装、标签及农药是否过期等情况。一旦发现有过期情况，销售者应依法处理过期农药。

案例36　可以无证售卖兽药吗

一、基本案情

2020年8月14日，某市农业农村局执法人员到石某兽药店进行执法检查，发现该兽药店货架上摆放销售的兽药有板青颗粒、黄连解毒散、霉菌清、雏宝、三黄散、柴黄益肝散等10多个品种。经调查，石某兽药店从2019年12月向某市市场行政主管部门办理了营业执照后便开始经营兽药，一直没有申请办理兽药经营许可证。某市农业农村局认定石某兽药店无证经营兽药，对该兽药店罚款2000元。

二、案例分析

（一）什么是兽药

《兽药管理条例》第七十二条第一项规定："（一）兽药，是指用于预防、治疗、诊断动物疾病或者有目的地调节动物生理机能的物质（含药物饲料添加剂），主要包括：血清制品、疫苗、诊断制品、微生态制品、中药材、中成药、化学药品、抗生素、生化药品、放射性药品及外用杀虫剂、消毒剂等。"本案中的板青颗粒、黄连解毒散、霉菌清、雏宝、三黄散、柴黄益肝散等属于兽药。

（二）根据兽药经营实施许可制度，某市石某兽药店没有兽药经营许可证售卖兽药违法

国家对兽药的生产经营实行许可制度。依据《兽药管理条例》第二十二条第二、第三款的规定，经营兽药的企业"符合前款规定条件的，申请人方可向市、县人民政府兽医行政管理部门提出申请，并附具符合前款规定条件的证明材料；经营兽用生物制品的，应当向省、自治区、直辖市人民政府兽医行政管理部门提出申请，并附具符合前款规定条件的证明材料。县级以上地方人民政府兽医行政管理部门，应当自收到申请之日起三十个工作日内完成审查。审查合格的，发给兽药经营许可证；不合格的，应当书面通知申请人"。因此，某市石某兽药店经

营兽药应有兽药经营许可证，没有兽药经营许可证则违反法律规定。

三、防范（或维权）建议

（1）无论是生产还是经营兽药，均需向生产、经营所在地人民政府兽医行政管理部门提出生产、经营兽药的申请。经营兽药的企业，应向市、县人民政府兽医行政管理部门提出经营兽药许可申请；经营兽用生物制品的，应当向省、自治区、直辖市人民政府兽医行政管理部门提出经营兽用生物制品的许可申请。

（2）在生产、经营兽药过程中，应确保所生产、经营的兽药在许可的范围之内，并保证兽药的质量、有效期等，不得销售假、劣兽药。

案例37　没有批准文号的兽药合法吗

一、基本案情

2020年11月11日，某市农业综合行政执法队、渔业农机处、水产站到某县对渔药使用情况开展联合检查，在对浙江某有限公司某市部进行检查时，在营业部阴凉库发现一款名为"盐酸黄连素"的产品（标称生产单位：某生物技术有限公司；生产地址：××市大××区××村镇××村村委会东；电话：×××-××××××××；规格：100 g，盐酸黄连素10 g；包装：500 g/袋，20袋/箱；保质期：2年；生产批号：20032203；生产日期：20200322；有效期：20220321；执行标准：Q/DXZHW 0129–2015；备案号：DXB 0239–2015；产品特点：广谱抗菌、抗病毒、对多种革兰氏阳性及阴性菌均具有抑杀作用）在销售。该产品为兽药，但没有兽药产品批准文号。

某农业农村局对浙江某有限公司某市部做出没收库存的盐酸黄连素10包，没收违法经营所得400元，并处罚款1600元。

二、案例分析

（一）兽药应当有批准文号

依据《兽药管理条例》第十五条"兽药生产企业生产兽药，应当取得国务院兽医行政管理部门核发的产品批准文号，产品批准文号的有效期为5年。兽药产品批准文号的核发办法由国务院兽医行政管理部门制定"的规定，兽药必须有产品批准文号。

（二）没有批准文号的兽药属于假兽药

《兽药管理条例》第四十七条第二款规定："有下列情形之一的，按照假兽药处理：……依照本条例规定应当经审查批准而未经审查批准即生产、进口的，或者依照本条例规定应当经抽查检验、审查核对而未经抽查检验、审查核对即销售、进口的。"没有产品批准文号的兽药，按照假兽药处理。

三、防范（或维权）建议

（1）生产经营的兽药应有批准文号，没有批准文号的兽药均为假兽药。

（2）不得销售没有批准文号的兽药。

（3）在购买兽药时，购买者应查验包括批准文号、有效期等在内的兽药的基本信息。

案例 38　销售未经审查批准的兽药会被追究刑责

一、基本案情

2016 年 4 月以来，贾某某未经国务院兽医行政管理部门审查批准，在某村租地建厂，以自己任法定代表人的某公司和某生物科技有限公司的名义生产假兽药，张某某（系贾某某妻子）帮助其生产经营。生产的假兽药销往广州、天津、河北等地。

2018 年 8 月 14 日，某市畜牧兽医发展中心联合某市公安局食品药品犯罪侦查大队对某生物科技有限公司进行查封，对相关物证进行扣押。农业农村部畜牧兽医局、某市畜牧兽医发展中心对涉案两公司生产的暴血烂鳃止、出血腐皮康等16 种产品认定为兽药，后某市畜牧兽医发展中心进一步认定按假兽药处理。

根据某会计师事务所对 2017 年 1 月 1 日至 2018 年 8 月 14 日某公司和某生物科技有限公司的假兽药生产、销售记录进行审计的报告，并结合张某某的供述，查明贾某某、张某某生产和销售的 16 种假兽药的销售金额为 1254880 元（其中已生产并销售 1239044 元，已生产尚未售出 15836 元），尤某某作为贾某某所聘用的公司业务员在广州市销售金额达 630170 元。

法院经审理认定贾某某、张某某构成生产、销售伪劣产品罪，尤某某构成销售伪劣产品罪，并依法判处有期徒刑等刑罚。

二、案例分析

（一）兽药生产企业应有兽药生产许可证

《兽药管理条例》第十一条规定："从事兽药生产的企业，应当符合国家兽药行业发展规划和产业政策，并具备下列条件：……符合前款规定条件的，申请人方可向省、自治区、直辖市人民政府兽医行政管理部门提出申请，并附具符合前款规定条件的证明材料；省、自治区、直辖市人民政府兽医行政管理部门应当自收到申请之日起四十个工作日内完成审查。经审查合格的，发给兽药生产许可证；不合格的，应当书面通知申请人。"生产兽药需取得兽医行政管理部门批准。

（二）没有兽药生产许可证生产的兽药属于假兽药

依据《兽药管理条例》第四十七条第二款规定："有下列情形之一的按照假兽药处理：……依照本条例规定应当经审查批准而未经审查批准即生产、进口的，或者依照本条例规定应当经抽查检验、审查核对而未经抽查检验、审查核对即销售、进口的。"因本案中贾某某生产的兽药未经审查批准，按照假兽药处理。

（三）假兽药属于以假充真的产品，生产销售假兽药金额巨大的，构成生产、销售伪劣产品罪

刑法第一百四十条规定："生产者、销售者在产品中掺杂、掺假，以假充真，以次充好或者以不合格产品冒充合格产品，销售金额五万元以上不满二十万元的，处二年以下有期徒刑或者拘役，并处或者单处销售金额百分之五十以上二倍以下罚金；销售金额二十万元以上不满五十万元的，处二年以上七年以下有期徒刑，并处销售金额百分之五十以上二倍以下罚金；销售金额五十万元以上不满二百万元的，处七年以上有期徒刑，并处销售金额百分之五十以上二倍以下罚金；销售金额二百万元以上的，处十五年有期徒刑或者无期徒刑，并处销售金额百分之五十以上二倍以下罚金或者没收财产。"本案中贾某某生产的假兽药销售金额达 1254880 元，已超过法律规定的 5 万元，构成生产、销售伪劣产品罪。

三、防范（或维权）建议

（1）生产销售兽药应依法向当地兽医行政管理部门申请，取得生产、经营兽药许可证。

（2）没有生产兽药许可证、经营兽药许可证不得开展生产、经营兽药活动，如果开展生产、经营则属于违法行为，数额不大的构成行政违法，承担行政责任；数额巨大的触犯刑法，承担刑事责任。

（3）在生产、经营兽药过程中，应严格按照获得的审批许可证件的许可范围开展生产经营。

案例 39　销售肥料需要登记吗

一、基本案情

2022 年 4 月 1 日，某县农业农村局行政执法人员到某公司进行检查，发现该公司生产车间仓库内存放有标注为大富农肥料（N ≥ 7）的肥料产品 25 袋（1.0 吨）；产品规格为 40 kg/ 袋，生产日期为 2022 年 3 月 30 日，执行标准为 Q/FYGS 008—2021，肥料包装上未标注有肥料登记证号。执法人员依法对该批肥料产品进行了登记保存。

经执法人员查阅确定，大富农肥料不在免于登记的肥料品种名单中，在当地肥料登记查询系统未发现有上述肥料登记信息。当事人生产、销售上述肥料产品的行为违反了《肥料登记管理办法》的规定，某县农业农村局认定某公司生产、销售未取得登记证的肥料产品，并对该公司处以警告并罚款 2500 元。

二、案例分析

（一）什么是肥料

《肥料登记管理办法》第三条规定："本办法所称肥料，是指用于提供、保持或改善植物营养和土壤物理、化学性能以及生物活性，能提高农产品产量，或改善农产品品质，或增强植物抗逆性的有机、无机、微生物及其混合物料。"

（二）肥料实行产品登记管理制度，对法律规定的部分产品免予登记。某公司售卖的"大富农肥料"不属于免予登记的肥料，违反法律规定

《肥料登记管理办法》第五条第一款规定："实行肥料产品登记管理制度，未经登记的肥料产品不得进口、生产、销售和使用，不得进行广告宣传。"生产销售和使用肥料必须进行登记。

《肥料登记管理办法》第十三条规定："对经农田长期使用，有国家或行业标准的下列产品免予登记：硫酸铵，尿素，硝酸铵，氰氨化钙，磷酸铵（磷酸一铵、二铵），硝酸磷肥，过磷酸钙，氯化钾，硫酸钾，硝酸钾，氯化铵，碳酸氢铵，钙镁磷肥，磷酸二氢钾，单一微量元素肥，高浓度复合肥。"本案中涉及的大富农肥料不属于免予登记的肥料，也没有相应的登记信息。因此涉案的某公司违反了《肥料登记管理办法》，应受到行政处罚。

三、防范（或维权）建议

（1）在经营肥料中，经营者应向当地的农业农村主管部门提出登记申请，对所经营的肥料进行相应的登记。符合法律规定免予登记的除外。

（2）在经营销售过程中应注意肥料登记证的有效期。肥料登记证的有效期为5年，必须在肥料登记的有效期内经营销售肥料。如需继续生产、销售该肥料的，应当在肥料登记证有效期满前6个月提出续展登记申请。

（3）购买者购买肥料时，应注意肥料产品包装上是否有包括肥料登记证号在内的标签、说明书和产品质量检验合格证。

案例40　销售有效成分不符的肥料违法吗

一、基本案情

2022年8月4日，某局农业行政执法人员依法对某经营部销售的标签标注商标为"丁绿"的大量元素水溶肥料（登记证号：农肥（2014）准字3463号；生产企业：河北萌帮水溶肥料有限公司）进行抽样检验。经广西壮族自治区产品质量检验研究院检验，抽样样品在各检验项目中，其中有效成分"硼（B）"含量的检验结果为0.001%，低于产品标明值0.1%的技术要求。

2022年9月9日，执法人员向肥料生产企业河北萌帮水溶肥料有限公司发出了《肥料监督抽查结果确认通知书》进行产品和检验结果确认。2022年9月19日，河北萌帮水溶肥料有限公司广西代表提出复检申请，肥料样品经南宁市海关技术中心复检，检验结果"硼（B）"元素实测值未检出。

某农业农村局对广西某经营部处以警告并罚款480元。

二、案例分析

（一）标注肥料的有效成分是肥料生产经营企业的义务

依据《肥料登记管理办法》第二十二条第二项的规定："肥料产品包装应有标签、说明书和产品质量检验合格证。标签和使用说明书应当使用中文，并符合下列要求：标明肥料登记证号、产品标准号、有效成分名称和含量、净重、生产日期及质量保证期。"所以，肥料产品必须含有有效成分。

（二）肥料的有效成分必须与登记批准的内容相一致。本案某公司销售的肥料的有效成分与登记批准的内容不一致，行为违法

依据《肥料登记管理办法》第二十六条第三项规定："有下列情形之一的，由县级以上农业农村主管部门给予警告，并处违法所得3倍以下罚款，但最高不得超过30000元；没有违法所得的，处10000元以下罚款：生产、销售的肥料产品有效成分或含量与登记批准的内容不符的。所以，销售产品有效成分不符的属于违法行为。"

三、防范（或维权）建议

（1）肥料必须标明有效成分，且有效成分必须与登记批准的一致。

（2）购买、销售肥料产品，应注意肥料产品包装应有标签、说明书和产品质量检验合格证。标签和使用说明书应当使用中文，并符合下列要求：标明产品名称、生产企业名称和地址；标明肥料登记证号、产品标准号、有效成分名称和含量、净重、生产日期及质量保证期；标明产品适用作物、适用区域、使用方法和注意事项；产品名称和推荐适用作物、区域应与登记批准的一致。

（3）经登记的肥料产品，在登记有效期内改变成分、剂型的，应重新申请登记。

案例 41　畜禽养殖的饲料里面不能添加哪些东西

一、基本案情

刘某、奚某为了赚大钱，一起商量研制、生产、销售"瘦肉精"。两人商议各投资 5 万元，刘某负责技术开发和生产，奚某负责销售，利润均分。此后，刘某试制出"瘦肉精"后，与奚某一起带样品到陈某、肖某等人的养猪场进行试验、推销。使用效果不错，两人就开始大规模生产。

刘某、奚某生产、销售的"瘦肉精"，经过层层销售，被卖到河南、山东、北京等 8 个省（市）的生猪养殖户。"瘦肉精"勾兑饲料用于饲养生猪，致使大量该类猪肉流入市场，给广大消费者身体健康、生命造成严重危害，并使公私财产遭受特别重大的损失。仅济源双汇食品有限公司为处理该类猪肉制品，损失就达 3400 余万元。

法院最终认定，刘某犯以危险方法危害公共安全罪，判处死刑，缓期 2 年执行，剥夺政治权利终身；奚某犯以危险方法危害公共安全罪，判处无期徒刑，剥夺政治权利终身。

二、案例分析

（一）畜禽养殖的饲料里面不能使用过量的添加剂和禁止的药品

《饲料添加剂安全使用规范》中规定，饲料企业和养殖者使用饲料添加剂产品时，应严格遵守"在配合饲料或全混合日粮中的最高限量"的规定，不得超量使用饲料添加剂；在实现满足动物营养需要、改善饲料品质等预期目标的前提下，应采取积极措施减少饲料添加剂的用量。

《禁止在饲料和动物饮用水中使用的药物品种目录》中明确规定，禁止在饲料和动物饮用水中使用肾上腺素受体激动剂、性激素、蛋白同化激素、精神药品等各类的药品。

（二）饲料、饲料添加剂的标签应标注的内容

饲料、饲料添加剂的标签应标注：以中文或者适用符号标明产品名称、原料组成、产品成分分析保证值、净重或者净含量；贮存条件、使用说明、注意事项、生产日期、保质期；生产企业名称以及地址、许可证明文件编号和产品质量标准等；加入药物饲料添加剂的，还应当标明"加入药物饲料添加剂"字样，并标明其通用名称、含量和休药期；乳和乳制品以外的动物源性饲料，还应当标明"本产品不得饲喂反刍动物"字样。

三、防范（或维权）建议

（1）购进饲料产品应注意检查产品标签、产品质量检验合格证、相应的许可证明文件，如饲料生产许可证（号）、进口登记证（号）等重要信息。

（2）不要经营、使用无产品标签、无生产许可证、无产品质量标准、无产品质量检验合格证的饲料、饲料添加剂。

（3）不要经营、使用无产品批准文号的饲料添加剂、添加剂预混合饲料。

（4）不要经营、使用未取得饲料、饲料添加剂进口登记证的进口饲料、进口饲料添加剂。

（5）饲料、饲料添加剂的标签应标注的内容：以中文或者适用符号标明产品名称、原料组成、产品成分分析保证值、净重或者净含量；贮存条件、使用说明、注意事项、生产日期、保质期；生产企业名称以及地址、许可证明文件编号和产品质量标准等；加入药物饲料添加剂的，还应当标明"加入药物饲料添加剂"字样，并标明其通用名称、含量和休药期；乳和乳制品以外的动物源性饲料，还应当标明"本产品不得饲喂反刍动物"字样。

案例42　在村道两侧撒农药，会被判刑吗

一、基本案情

王某和妻子姜某在吴家村承包土地种植药材，其种植的药材长期被附近放牧羊群啃食、破坏，导致其经济损失严重，且一直无法确认侵害人。2017年9月30日夫妻俩为泄愤，王某驾驶面包车，将含有农药甲拌磷（别名3911，系高毒类化学物质，国家明文规定的限制使用农药，可致人、动物死亡）的葱皮撒在吴家村自己承包种植的药地旁，还撒在通往中尧村与吴家村之间村道两侧以及通往

被害人范某羊圈的生产道路两侧。当日，被害人范某将其饲养的 10 多只山羊在此处道路两边放牧，羊群啃食含有甲拌磷的葱皮后被毒死 10 只。

该地市公安局司法鉴定中心检验鉴定报告认定：带农药味的黄色葱叶检出甲拌磷、甲拌磷砜成分；被毒死羊的胃检出甲拌磷砜成分。该地县价格认定中心认定被毒死的 10 只山羊价值 13240 元。

2019 年 6 月 3 日，该地县人民法院作出一审判决，以投放危险物质罪判处被告人王某有期徒刑 3 年，缓刑 3 年；判处被告人姜某有期徒刑 3 年，缓刑 3 年。一审宣判后，两名被告人均未上诉。

二、案例分析

（一）王某、姜某的行为构成投放危险物质罪

王某、姜某因自己种植的药材被附近放牧的羊毁坏而生怨气，不仅将伴有农药的葱皮撒在自己承包种植的药地旁，还撒在村道两侧，其投放危险物质的行为不仅破坏特定公私财物、危及生产活动，而且危及不特定多数人的财产安全，其行为触犯了刑法第一百一十四条的规定，构成投放危险物质罪。

（二）王某、姜某投案自首，并积极赔偿被害人经济损失取得谅解，可以酌情从宽处罚

案发后，王某和姜某投案自首，主动接受讯问，如实供述犯罪事实，积极配合派出所的侦查工作，按照刑法规定，可以从轻或者减轻处罚。同时，二人对自己犯下的罪过认罪悔罪，积极主动赔偿被害人，弥补对被害人造成的损失，取得被害人的谅解，根据司法解释，可以予以从轻处罚。此外，被告人与被害人系邻里纠纷，应酌情从宽处罚。

三、防范（或维权）建议

投放危险物质罪是行为犯，其成立并不需要出现不特定多数人的中毒或重大公私财产遭受毁损的实际结果，只要行为人的行为足以危害公共安全，即有危害公共安全的危险存在即可构成犯罪。在当前的广大农村牧区，经常有农民为了防止自家的农地、菜地被人偷盗或者牲畜践踏、啃咬而喷洒农药、鼠药等，殊不知这些行为已经危害了公共安全，触犯了国家法律。建议农民朋友在遇到侵害时，要使用正确的方法维权，切不能以"害"治"害"，伤人伤己。

第六章　农、林、渔、牧（畜）生产

【学习目标】1．了解农业种养、林业、渔业、畜牧业相关的法律法规；
2．认识农业种养、林业、渔业、畜牧业生产过程中常见的法律风险。

案例 43　可以在基本农田种草皮吗

一、基本案情

农户张某租用村里的基本农田 160 亩。为了提高收益，张某将其中的 100 余亩农田用于种植草皮，平均每 3 个月就可以收割 1 次，张某的收益增加了不少。然而，每收割一次草皮就要挖走一层土，经多次收割后，与周边的农田对比，种植草皮的农田明显矮了很多。

破坏农田的情况逐渐引起当地村民的重视，陆续有村民找到张某讨要说法，要求停止种植草皮。张某却说农田是他租的，种什么别人管不着，村民们无奈之下只能向政府有关部门反映。

此后张某被当地的检察机关、行政机关进行查处。经勘查，种植草皮的 100 余亩基本农田被严重破坏，耕作层有 7～20 厘米的土层被挖走，总共被取走 1 万多立方米。

最后，行政机关依法对张某下达行政处罚决定，责令其采取土壤改良、培肥等措施恢复种植条件。经过修复，种植草皮的百亩良田的生态结构才恢复了平衡。

二、案例分析

（一）什么是基本农田

《基本农田保护条例》第二条第二款规定："本条例所称基本农田，是指按照一定时期人口和社会经济发展对农产品的需求，依据土地利用总体规划确定的不得占用的耕地。"

（二）基本农田不能从事耕种之外的其他活动

《基本农田保护条例》第十七条规定："禁止任何单位和个人在基本农田保护区内建窑、建房、建坟、挖砂、采石、采矿、取土、堆放固体废弃物或者进行其他破坏基本农田的活动。禁止任何单位和个人占用基本农田发展林果业和挖塘养鱼。"

（三）破坏基本农田，毁坏种植条件的法律责任

《基本农田保护条例》第三十三条规定："……占用基本农田建窑、建房、建坟、挖砂、采石、采矿、取土、堆放固体废弃物或者从事其他活动破坏基本农田，毁坏种植条件的，由县级以上人民政府土地行政主管部门责令改正或者治理，恢复原种植条件，处占用基本农田的耕地开垦费一倍以上二倍以下的罚款；构成犯罪的，依法追究刑事责任。"

三、防范（或维权）建议

（1）在承包土地和种植前，应向自然资源部门（乡镇的土地所、自然资源所）咨询并到农田现场确认是否属于永久基本农田或耕地。

（2）可以在基本农田上建设辅助性的种植设施，但不能建设成农业休闲观光、旅游、餐饮等设施，更不能建所谓的"大棚房"。

（3）把基本农田租给其他人的时候，要在合同里规定，如果用于耕种之外的用途，可以解除合同收回农田，种植条件被破坏的还可以要求赔偿。

案例 44　自然保护区内可以建风力发电机吗

一、基本案情

广西某村村委会与某电力公司签订了《土地租赁合同》，某村提供 26 亩林地给某电力公司用于建设风力发电机以及配套的道路和设施，某电力公司支付给村委会 50 万元。但在合同签订后，某电力公司接到反映，某村提供的林地属于当地自然保护区的核心区。由于法律规定自然保护区的核心区不得建设生产设施，某电力公司向某村村委会提出解除《土地租赁合同》，并拒绝支付 50 万元租金。某村村委会起诉到人民法院，要求某电力公司依照合同约定支付 50 万元租金。

经法院审理，认定某村村委会与某电力公司签订的合同违反了法律、行政法规的强制性规定，判决合同无效，驳回某村村委会诉讼请求。

二、案例分析

（一）什么是自然保护区

《中华人民共和国自然保护区条例》第二条规定："……自然保护区，是指对有代表性的自然生态系统、珍稀濒危野生动植物物种的天然集中分布区、有特殊意义的自然遗迹等保护对象所在的陆地、陆地水体或者海域，依法划出一定面积予以特殊保护和管理的区域。"

（二）自然保护区划分为核心区、缓冲区、实验区

《中华人民共和国自然保护区条例》第十八条规定："自然保护区可以分为核心区、缓冲区和实验区。自然保护区内保存完好的天然状态的生态系统以及珍稀、濒危动植物的集中分布地，应当划为核心区，禁止任何单位和个人进入……核心区外围可以划定一定面积的缓冲区，只准进入从事科学研究观测活动。缓冲区外围划为实验区，可以进入从事科学试验、教学实习、参观考察、旅游以及驯化、繁殖珍稀、濒危野生动植物等活动……"

（三）自然保护区内的核心区和缓冲区不得建设生产设施

《中华人民共和国自然保护区条例》第三十二条第一款规定："在自然保护区的核心区和缓冲区内，不得建设任何生产设施。在自然保护区的实验区内，不得建设污染环境、破坏资源或者景观的生产设施；建设其他项目，其污染物排放不得超过国家和地方规定的污染物排放标准……"

（四）某村村委会与某电力公司签订的合同无效

民法典第一百五十三条第一款规定："违反法律、行政法规的强制性规定的民事法律行为（合同）无效……"某村村委会与某电力公司签订的合同违反了《自然保护区条例》不得在核心区和缓冲区内建设任何生产设施的强制性规定，因此双方签订的合同无效。

三、防范（或维权）建议

（1）签订合同时，双方要尽可能地了解土地、林地的使用限制，自然保护区的核心区和缓冲区，不能建设任何生产设施。在实验区内建设的，应当符合相应的法定标准。

（2）若合同签订后才发现不能用于建设生产设施的，可以要求解除合同，若已经付款的可以要求对方返还。对方不同意的可以起诉至法院，请求法院判决合同无效，一方返还土地，另一方返还已经支付的钱款。如果一方故意隐瞒土、林地的性质，另一方还可以要求其承担相应的赔偿责任。

案例 45 采伐枯死的树木需要办理采伐许可证吗

一、基本案情

甘肃省某县农户金某承包了一片树林后，发现自己承包的树林里有不少枯死的松树，为了腾出土地种植其他树木，便想把这些枯死的松树砍走。几天后，金某在未办理林木采伐许可证的情况下，雇请工人对这些枯死松树进行了采伐清理，并补种了经济林。

后经森林公安局发现，对金某滥伐林木的行为进行了立案侦查。经鉴定，金某滥伐的松树蓄积量为 16 立方米。金某没有办理采伐许可证就砍伐树木的行为，已经达到了刑事案件立案的标准。

经法院审理，认定被告人金某无证采伐枯死木的行为虽然侵犯了国家对林业资源的管理制度，数量亦达到犯罪标准，但其并未破坏自然环境和生态环境，其补种的经济林在提高农业综合生产能力的同时，亦更好发挥林地的生态效益，其行为不具有社会危害性。被告人金某主观恶性较小，犯罪情节轻微危害不大，综合造成无证采伐的前因后果，且考虑金某对被破坏环境资源的修复和补偿的社会效果，依法可不认为是犯罪。

二、案例分析

（一）砍伐林地上的所有树木都要采伐许可证

根据《中华人民共和国森林法》（以下简称"森林法"）第五十六条的规定，采伐林地上的林木应当申请采伐许可证，并按照采伐许可证的规定进行采伐。

（二）采伐枯死的树木也需要采伐许可证

森林资源包括森林、林木、林地及依托其生存的野生动植物和微生物，因此意外毁损的林木属于森林资源的组成部分，理应受到森林法的调整。《国家林业局关于未申请林木采伐许可证采伐"火烧枯死木"行为定性的复函》规定，凡采伐林木，包括采伐"火烧枯死木"等因自然灾害毁损的林木，都必须申请林木采伐许可证，并按照林木采伐许可证的规定进行采伐。

本案金某虽然不构成犯罪，但仍属于违法行为，要接受相应的行政处罚。

三、防范（或维权）建议

（1）除农村居民采伐自留地和房前屋后个人所有的零星林木外，只要是采伐林木，都必须申请林木采伐许可证。

（2）农村居民采伐林木，应向县级人民政府林业主管部门或者其委托的乡镇人民政府申请（乡镇林业站、县林业局）。

（3）申请采伐许可证，应当提交有关采伐的地点、林种、树种、面积、蓄积、方式、更新措施和林木权属等内容的材料。超过规定面积或者蓄积量的，还应当提交伐区调查设计材料。

案例 46　林木可以抵押吗

一、基本案情

云南某县农村信用社与某公司签订《流动资金借款合同》，约定某公司向农村信用社借款 135 万元。与此同时，农村信用社与农户阎某签订了《抵押担保合同》，约定用阎某的 3952.6 亩林地的林权为某公司的债务做抵押担保。随后，农村信用社与阎某去县林业局办理了抵押登记。借款期限届满，某公司无法归还借款，农村信用社起诉到法院，要求某公司归还借款，并要求对阎某提供的抵押物林权进行拍卖、变卖，所得的钱用来优先偿还某公司欠农村信用社的款。

经法院审理，认定农村信用社与被告某公司签订的《流动资金借款合同》以及与阎某签订的《抵押担保合同》均合法有效。且该县林业部门为农村信用社及阎某办理了抵押登记，因此法院判决支持农村信用社的诉讼请求。

二、案例分析

（一）哪些林木可以用于抵押

根据我国银监会和国家林业局联合印发《关于林权抵押贷款的实施意见》的规定，可抵押林权具体包括用材林、经济林、薪炭林的林木所有权和使用权及相应林地使用权，用材林、经济林、薪炭林的采伐迹地、火烧迹地的林地使用权，国家规定可以抵押的其他森林、林木所有权、使用权和林地使用权。

（二）林权抵押属于不动产抵押，需要去林业部门办理林权抵押登记

林地所属的村集体已经将林地转给阎某承包，阎某对该林地上的林木享有相应的所有权和使用权；且当地林业部门为双方的林木抵押办理了抵押登记，某公司归还不了农村信用社的借款，农村信用社可以申请法院将抵押的林权进行拍卖、变卖，所得钱款优先用于归还农村信用社的借款。

三、防范（或维权）建议

（1）林权所有人应谨慎向他人债务提供抵押。因为他人无法履行债务时，债权人可以要求拍卖、变卖林权用来归还他人的债务。

（2）在以林权作抵押时，应对抵押人所持有的林权证上载有拟抵押森林、林木和林地类型、坐落位置、四至界址、面积、林种、树种、林龄、蓄积、权证终止日期等内容的相关资料进行审核，确保记载事项与实际内容相符。

（3）抵押合同签订后，应及时到县级以上地方人民政府的林业部门办理林权抵押登记，否则该抵押不生效。

案例47　公益林可以转让吗

一、基本案情

广西某村五组经过集体讨论，同意将属于本集体的绿松山公益林（地）的采伐权以35万元的价格转让给村民林某，转让年限为10年。五组与林某签订了《林权转让合同》，合同约定"某村五组集体林流转后公益林补偿费同意给买主，林权证户主林某所得，流转期满后，由生产队集体所得"。同日某村五组收到了林某支付的35万元转让费。

林某自2010年起至2019年间，从林业主管部门领取了2366.69亩的省级公益林补贴。某村五组以公益林转让合同无效为由，起诉至法院要求判决《林权转让合同》无效，要求林某返还林地，并要求把领取的公益林补贴款给某村五组。

经法院审理，认定五组与林某签订的《林权转让合同》合法有效，判决驳回了某村五组的诉讼请求。

二、案例分析

（一）什么是公益林

森林法第四十七条规定："国家根据生态保护的需要，将森林生态区位重要或者生态状况脆弱，以发挥生态效益为主要目的的林地和林地上的森林划定为公益林。未划定为公益林的林地和林地上的森林属于商品林。"

（二）公益林的经营权、林木所有权和使用权可以转让

森林法第十七条规定："集体所有和国家所有依法由农民集体使用的林地实行承包经营的，承包方享有林地承包经营权和承包林地上的林木所有权，合同另有约定的从其约定。承包方可以依法采取出租（转包）、入股、转让等方式流转林地经营权、林木所有权和使用权。"无论是商品林还是公益林等，只要经过法定的程序就可能转让林地的经营权、林木的所有权和使用权，因此林某与某村五组签订的合同是有效的。

三、防范（或维权）建议

（1）林权包括经营权、林木所有权和使用权。公益林和商品林的林权都可按规定进行流转，但流转后相应的权利和义务由承包方继续享有和履行。

（2）林权转让前应了解转让的林权性质，是公益林或是商品林或是其他特殊性质的林木，知悉转让林权的相关的法律法规、国家政策等，明确转让后的法律后果。转让林权应按法律规定程序进行，不得私下协商确定。

（3）双方应在林地承包合同中明确承包林地的面积，并以附图的形式作为合同附件。

（4）林地的承包期为 30～70 年；特殊林木的林地承包期，经国务院林业行政主管部门批准可以延长。双方应在承包合同中明确承包林地的起始期，承包期限超过法定期限的，超出部分无效。

案例48　开垦荒地是否就能获得使用权

一、基本案情

广西某县农户王某发现村后有几片荒地一直没有人开发，自 2013 年起在这片荒地种植水果、甘蔗，种了几年一直也没有人管。然而这片荒地属于该县某水电公司的，早在 2001 年，该公司就获得了该土地的使用权证书。

水电公司发现后，要求王某把在荒地上种植的农作物清除，并将荒地交还给水电公司。但王某认为，该荒地是组村民集体土地，集体未开发经营，又未划分给农户承包，谁开荒谁就可以收益，该荒地应该属于自己的，因此，拒不清除和退还荒地。

水电公司遂起诉到法院，要求王某清除涉案山场农作物，并交还土地给水电公司。法院经审理后，判决王某清除涉案山场的农作物，并将涉案山场交还给水电公司。

二、案例分析

（一）水电公司对涉案山场拥有使用权

原告水电公司对涉案的荒地持有《国有土地使用证》，对涉案的荒地拥有使用权。

（二）王某无权在涉案山场上种植水果、甘蔗等物

土地管理法第十二条第二款规定："依法登记的土地的所有权和使用权受法律保护，任何单位和个人不得侵犯。"被告王某在原告所有的涉案山场里种植农

作物，属于侵犯了原告对山场所有权及使用权的行为。

（三）王某需承担清除农作物的责任

民法典第一百七十九条规定："承担民事责任的方式主要有：（一）停止侵害；（二）排除妨害；（三）消除危险；（四）返还财产；（五）恢复原状……"农作物属于王某，但农作物种植地的使用权人并不属于王某，属于水电公司，因此水电公司要求王某清除涉案荒地农作物，即"恢复原状"，得到法院的支持，这就导致了王某种植的农作物无法获得完整的法律保障。

三、防范（或维权）建议

（1）在土地上种植农作物或其他作物前，应先了解清楚该地块的权利人。

（2）如地块权属不明，可依法向当地的不动产登记机构进行了解后再种植。

（3）如地块权利清晰，则和权利人进行协商并签订书面协议，取得权利人同意使用的合法基础，以确保自己的付出能得到预期的利益。

案例 49　哪些捕鱼方式属于非法捕捞

一、基本案情

2019 年 7 月至 2019 年 10 月，黄某和同乡在长江禁渔期间，驾驶快艇、渔船，使用由电瓶、逆变器、无鳞机、拖网或抄网组成的电鱼工具、地笼网、刺网（网孔小于 6 cm）等禁用工具，在长江扬中段暗纹东方鲀刀鲚国家级水产种质资源保护区、长江扬中段东新港至团结港等水域，非法捕捞刀鱼、鮰鱼、鳓鱼、鳊鱼、江虾等长江水产品。

经法院审理认为，被告人黄某等人违反保护水产资源法规，伙同他人在长江干流水域非法捞捕水产品，情节严重，其行为已构成非法捕捞水产品罪，对被告人黄某以非法捕捞水产品罪判处有期徒刑 2 年。

二、案例分析

（一）什么是非法捕捞

非法捞捕一般是指炸鱼、毒鱼、电鱼。常见的炸鱼方式包括使用大火炮、鱼雷、土炸弹等；常见的毒鱼药剂包括氯氰菊酯、乙草胺农药等；常见的电鱼工具包括电捕鱼器、电瓶、打鱼机、电线、蓄电池等。

（二）非法捕捞有哪些危害

不管是电鱼、炸鱼还是毒鱼，危害都非常大。首先非法捕捞会让水里的所有生物几乎灭绝；非法捕捞没有安全保护措施，对人身安全容易构成威胁，电不到鱼把自己电死的事情时有发生。而炸药、毒药不仅严重污染水源，毒药还会大量残留在被毒死鱼的体内，人吃了会中毒。此外，在河里炸鱼，爆炸的冲击波还会影响河堤的防洪安全。

（三）违法捕捞会被罚款、吊销捕捞许可证，严重的要追究刑事责任

《中华人民共和国渔业法》第三十八条第一款规定："使用炸鱼、毒鱼、电鱼等破坏渔业资源方法进行捕捞的，违反关于禁渔区、禁渔期的规定进行捕捞的，或者使用禁用的渔具、捕捞方法和小于最小网目尺寸的网具进行捕捞或者渔获物中幼鱼超过规定比例的，没收渔获物和违法所得，处五万元以下的罚款；情节严重的，没收渔具，吊销捕捞许可证；情节特别严重的，可以没收渔船；构成犯罪的，依法追究刑事责任。"

三、防范（或维权）建议

（1）从事捕捞作业及其辅助活动的船舶应当具备下列条件：核定渔业船名；登记船籍港；取得相应渔业船舶证书；法律、法规规定的其他条件。禁止使用"三无"船舶从事捕捞作业或辅助活动。

（2）农业农村部发布渔具最小网目尺寸，严禁捕捞时携带小于最小网目尺寸渔具，严禁在拖网等具有网囊的渔具内加装衬网。比如，杂渔具最小网目尺寸是 35 毫米，陷阱类渔具最小网目尺寸是 35 毫米，笼壶类渔具最小网目尺寸是 25 毫米。

案例 50　村民养猪影响邻居生活，怎么办

一、基本案情

李某与黄某是同村人。黄某在紧邻李某家的地上建盖烤烟房和一排简易房，开始养殖 1～2 头能繁母猪。过了几年，黄某响应政府的号召扩建了猪圈，能繁母猪的数量增加到 10 头左右。李某家的厨房、4 间卧室紧邻黄某的猪圈一侧，相距仅约 80 厘米。随着黄某养殖母猪数量的增多，繁殖小猪的数量也增多，产生的猪叫声和猪的排泄物也增多。因黄某家猪叫声和猪的排泄物、污水的气味影响李某家生活，李某妻子多次沟通无果后将黄某家烤烟房损坏。经社区人民调解委员会调解，双方达成调解协议：黄某尽快解决猪圈脏、臭、吵的问题，烤房损坏部分由李某修复；冲洗猪圈的时间尽量错开李某家进餐时间。

然而黄某养殖的猪叫声和气味问题仍未解决，李某多次向村组、社区、镇政府、县环保局等部门反映。县环保局执法人员到现场调查，发现该猪舍虽然建有

化粪池及废气排放管，但猪舍距离李某的住房约 80 厘米，猪叫声及气味会对其产生影响，污染事实存在。随后县环保局作出处理意见，要求黄某将废气排放管加高或者另行选址。

二、案例分析

（一）村民之间应当为邻居的生活、生产提供必要的便利和一定的容忍

民法典第二百九十条第一款规定："不动产权利人应当为相邻权利人用水、排水提供必要的便利。"养猪是农村十分常见的事情，关系到村民的生活和生产，李某与黄某作为邻居，应当对邻居养猪提供必要的便利和一定的容忍。

（二）村民之间的排污、排水不能影响邻居的正常生活

民法典第二百九十六条规定："不动产权利人因用水、排水、通行、铺设管线等利用相邻不动产的，应当尽量避免对相邻的不动产权利人造成损害。"邻居提供便利和容忍的前提是不能影响邻居的正常生活，黄某家猪叫声和猪排泄物、污水的气味影响李某家生活。

虽然养猪是黄某的主要生活来源，但不能以牺牲周围居民的健康以及严重妨碍他人正常的生产生活为代价。因黄某的猪圈紧邻李某家房屋，黄某在此养猪的行为也初具规模，猪圈内常年散发的恶臭、滋生的蚊蝇、母猪进食以及产仔时产生的噪声确实超出了一般人的容忍限度。

三、防范（或维权）建议

（1）村屯居民区不属于城市和城镇居民区。可以进行小规模的养殖，但不能妨碍他人正常的生产生活，不能影响周围居民的身体健康。畜禽养殖选址时，应充分考虑排水、通风、噪声对邻居的影响。

（2）若他人畜禽养殖场影响自己的正常生活，首先可以和畜禽养殖场的经营者协商要求整改；协商不成的也可以向本地村组、社区、镇政府、县环保局等部门反映，或者向人民法院起诉要求畜禽养殖场的经营者进行整改；若畜禽养殖确实导致自己身体健康遭受损害的，还可以要求对方进行相应的补偿或赔偿。

案例 51　规模化畜禽养殖要设置哪些环境保护措施

一、基本案情

江苏省某县生态环境局接到举报，该县某村的唐某红经营的肉鸡养殖场存在严重的环境污染问题。执法人员对唐某红肉鸡养殖场进行现场检查，发现该肉鸡养殖项目未经环境影响评价审批就从事肉鸡养殖，存栏量约 8000 只；未配套建

设污染治理设施，产生的粪便露天堆放在无防渗防雨的空地上；厂区未建设污水收集池，雨、污未分流，养殖废水混同雨水未经处理直接排放至厂区西侧沟渠。

唐某红的上述行为违反了《畜禽规模养殖污染防治条例》和《中华人民共和国固体废物污染环境防治法》的相关规定。生态环境局对唐某红作出责令停止违法行为，配套建设污染防治设施；限期 7 日内完善环境影响评价审批手续，采取措施清运露天堆放在厂区内的粪污；罚款 20000 元的行政处罚决定。

二、案例分析

（一）规模化畜禽养殖需要满足动物防疫条件，并进行环境影响评价

《畜禽规模养殖污染防治条例》第十二条第一款规定："新建、改建、扩建畜禽养殖场、养殖小区，应当符合畜牧业发展规划、畜禽养殖污染防治规划，满足动物防疫条件，并进行环境影响评价……"

（二）规模化畜禽养殖应当建设相应的污染物综合利用和无害化处理设施

《畜禽规模养殖污染防治条例》第十三条第一款规定："畜禽养殖场、养殖小区应当根据养殖规模和污染防治需要，建设相应的畜禽粪便、污水与雨水分流设施，畜禽粪便、污水的贮存设施，粪污厌氧消化和堆沤、有机肥加工、制取沼气、沼渣沼液分离和输送、污水处理、畜禽尸体处理等综合利用和无害化处理设施。已经委托他人对畜禽养殖废弃物代为综合利用和无害化处理的，可以不自行建设综合利用和无害化处理设施。"

三、防范（或维权）建议

（1）规模化畜禽养殖的环境影响评价，一般由县级以上人民政府环境保护主管部门负责畜禽养殖污染防治的统一监督管理。

（2）可以采取粪肥还田、制取沼气、制造有机肥等方法，对畜禽养殖废弃物进行综合利用。

（3）可以采取种植和养殖相结合的方式消纳利用畜禽养殖废弃物，促进畜禽粪便、污水等废弃物就地就近利用。

（4）可以采取沼气制取、有机肥生产等废弃物综合利用以及沼渣沼液输送和施用、沼气发电等相关配套设施建设。

（5）将畜禽粪便、污水、沼渣、沼液等用作肥料的，应当与土地的消纳能力相适应，并采取有效措施，消除可能引起传染病的微生物，防止污染环境和传播疫病。

（6）从事畜禽养殖活动和畜禽养殖废弃物处理活动，应当及时对畜禽粪

便、畜禽尸体、污水等进行收集、贮存、清运，防止恶臭和畜禽养殖废弃物渗出、泄漏。

（7）向环境排放经过处理的畜禽养殖废弃物，应当符合国家和地方规定的污染物排放标准和总量控制指标。畜禽养殖废弃物未经处理，不得直接向环境排放。

（8）染疫畜禽以及染疫畜禽排泄物、染疫畜禽产品、病死或者死因不明的畜禽尸体等病害畜禽养殖废弃物，应当按照有关法律、法规和国务院畜牧兽医行政主管部门的规定，进行深埋、化制、焚烧等无害化处理，不得随意处置。

案例52 村民可以私自屠宰生猪吗

一、基本案情

欧某在广西某市经营一家生猪养殖场饲养生猪。2020年，欧某在没有办理动物防疫条件合格证、排污许可证和生猪定点屠宰证的情况下，擅自在其饲养场内开设生猪屠宰点并销售生猪给他人。至2020年5月20日被查处时，欧某在其生猪屠宰点内屠宰了生猪14头，价值111870元。2020年5月20日，某市公安局联合农业农村局到欧某的生猪养殖场进行查处，当场扣押了未经检疫的生猪肉229.75千克，同日某市动物卫生监督所对扣押的229.75千克生猪肉进行了无害化处理。

法院经审理认为，欧某违反国家规定，私设生猪屠宰场屠宰生猪并销售价值111870元的生猪，情节严重，其行为已构成非法经营罪，判处有期徒刑8个月，缓刑1年，并处罚金8000元。

二、案例分析

（一）只有生猪定点屠宰厂（场）才能屠宰生猪

《生猪屠宰管理条例》第二条第二、第三款规定："除农村地区个人自宰自食的不实行定点屠宰外，任何单位和个人未经定点不得从事生猪屠宰活动。在边远和交通不便的农村地区，可以设置仅限于向本地市场供应生猪产品的小型生猪屠宰场点……"

（二）生猪定点屠宰厂（场）应当具备下列条件

《生猪屠宰管理条例》第十一条规定："生猪定点屠宰厂（场）应当具备下列条件：（一）有与屠宰规模相适应、水质符合国家规定标准的水源条件；（二）有符合国家规定要求的待宰间、屠宰间、急宰间、检验室以及生猪屠宰设备和运载工具；（三）有依法取得健康证明的屠宰技术人员；（四）有经考核合格的兽医卫生检验人员；（五）有符合国家规定要求的检验设备、消毒设施以及符合环境保护要求的污染防治设施；（六）有病害生猪及生猪产品无害化处理设施或者无害化处理委托协议；（七）依法取得动物防疫条件合格证。"

三、防范（或维权）建议

（1）村民在农村家里养的猪，自己宰了可以给自家人吃，不能售卖。

（2）如果长期、大量宰杀生猪销售的，就必须到定点屠宰场进行宰杀；而且猪肉要经过检验检疫程序才能流入市场，否则将被依法追究法律责任。

案例 53　哪些野生动物不能捕猎

一、基本案情

黎某在没有经野生动物保护主管部门批准的情况下，擅自在乡村鱼塘区捕捉水蛇 31 条、沼水蛙 9 只，并拿到某市场临时摊档出售，被当地市场监督管理局查获。经野生动物物种鉴定中心鉴定，黎某出售的上述 31 条水蛇经鉴定确认均为爬行纲蛇目游蛇科中国水蛇，出售涉案的 9 只沼水蛙（残体）经鉴定确认均为两栖纲无尾目蛙科沼水蛙残体，均属于国家"三有"保护野生动物。按照《陆生野生动物基准价值标准目录》中的规定，无尾目所有种动物整体的基准价值 100元 / 只的 70% 比例核算，黎某出售涉案的 9 只沼水蛙（残体）价值 630 元。

该地市场监督管理局遂据此责令黎某立即改正违法行为，并对黎某作出没收非法出售的 31 条水蛇、9 只沼水蛙的剩余残体，没收违法所得 45 元，罚款 2800元的行政处罚决定。

二、案例分析

（一）什么是野生保护动物

《中华人民共和国野生动物保护法》（以下简称"野生动物保护法"）规定保护的野生动物，是指珍贵、濒危的陆生、水生野生动物和有重要生态、科学、社会价值的陆生野生动物。《国家重点保护野生动物名录》由国务院野生动物保护主管部门组织科学论证评估后统一发布，并根据野生动物保护的实际需要及时进行调整。

（二）野生动物的分类有哪些

野生动物保护法规定的保护动物主要有两类，一类是国家对珍贵、濒危的野生动物实行重点保护，分为一级保护野生动物和二级保护野生动物，另一类是有重要生态、科学、社会价值的陆生野生动物（简称"三有"野生动物）。

（三）禁止猎捕、杀害国家重点保护野生动物

野生动物保护法第二十一条规定："禁止猎捕、杀害国家重点保护野生动物。因科学研究、种群调控、疫源疫病监测或者其他特殊情况，需要猎捕国家一级保护野生动物的，应当向国务院野生动物保护主管部门申请特许猎捕证；需要猎捕国家二级保护野生动物的，应当向省、自治区、直辖市政府野生动物保护主管部门申请特许猎捕证。"

（四）猎捕"三有"野生动物应当取得狩猎证

野生动物保护法第二十二条规定："猎捕有重要生态、科学、社会价值的陆生野生动物和地方重点保护野生动物的，应当依法取得县级以上地方人民政府野生动物保护主管部门核发的狩猎证，并服从猎捕量限额管理。"

三、防范（或维权）建议

（1）在野外狩猎时应当向当地野生动物保护主管部门申请狩猎证，并咨询了解当地主要的野生保护动物。

（2）购买动物制品时不要完全听信于商家，要认真甄别购买的物品是否属于国家珍贵、濒危野生动物制品。若购买的是属于国家珍贵、濒危野生动物制品将会受到相关法律的制裁。

案例54　非法捕猎的行为有哪些

一、基本案情

黑龙江某县李某甲在禁猎区内，将事先准备好的10多个禁用工具猎套，分布在牻牛沟山场内，非法猎捕狍子1只并销售，非法获利1100元。县人民法院以非法狩猎罪判处李某甲拘役4个月，并追缴违法所得1100元。受县人民检察院委托，司法鉴定所对动物价值进行鉴定，经鉴定狍子的物种价值为3000元。人民检察院在履职中发现，李某甲非法猎捕狍子的行为损害了社会公共利益，在正义网发布了公告，公告期满后，法律规定的机关和有关组织没有提起民事公益诉讼，社会公共利益仍处于受损害状态，遂向法院提起民事公益诉讼。

经人民法院审理，判令李某甲在市级以上新闻媒体向社会公众公开赔礼道歉；并赔偿生态环境修复费用3000元。

二、案例分析

（一）猎捕野生动物应当依法取得狩猎证

野生动物保护法第二十二条规定："猎捕有重要生态、科学、社会价值的陆生野生动物和地方重点保护野生动物的，应当依法取得县级以上地方人民政府野生动物保护主管部门核发的狩猎证，并服从猎捕量限额管理。"

（二）禁止在禁猎的区域和时间内猎捕野生动物

野生动物保护法第二十条第一款规定："在自然保护地和禁猎（渔）区、禁猎（渔）期内，禁止猎捕以及其他妨碍野生动物生息繁衍的活动，但法律法规另有规定的除外。"

（三）不得用禁止的捕猎方式和工具进行捕猎

野生动物保护法第二十四条第一款规定："禁止使用毒药、爆炸物、电击或者电子诱捕装置以及猎套、猎夹、捕鸟网、地枪、排铳等工具进行猎捕，禁止使用夜间照明行猎、歼灭性围猎、捣毁巢穴、火攻、烟熏、网捕等方法进行猎捕，但因物种保护、科学研究确需网捕、电子诱捕以及植保作业等除外。"本案中李某甲不但在禁猎区狩猎，没有狩猎证狩猎，还使用禁用的工具进行狩猎，因此某市自然资源和规划局对李某依法作出罚款的行政处罚。

三、防范（或维权）建议

我国法律对捕猎野生动物的时间、区域、捕猎方式、捕猎工具都作出了明确的规定。不要随意狩猎野生动物。如果要狩猎，建议向当地的自然资源管理单位进行咨询，了解狩猎的地方及相关的动物是否属于禁猎区、禁猎期及禁止狩猎的动物，狩猎需办理相应的手续。

案例 55　没有砍伐许可证砍伐树木，构成犯罪吗

一、基本案情

2019 年 9 月底，何某将种植于公路边的一片橡胶树以 700 元的价格出售给被告人覃某。购树后的第三天，覃某未经林业行政主管部门批准并核发《林木采伐许可证》的情况下，便雇请锯手杨某、拖拉机司机陈某和两名民工擅自将所购买的林木砍伐，并将砍伐的木材运至其槟榔加工点用于烧火烘烤槟榔果。经鉴定，被伐橡胶树共 79 株，立木蓄积量为 16.7197 立方米。2019 年 12 月 2 日，覃某主动到公安局投案。

被告人覃某与公诉机关签署《认罪认罚具结书》，并向法院预缴罚金 3000 元。案发后，覃某在砍伐地东村补种 2.4 亩槟榔，共成活 411 株。被告人覃某犯滥伐林木罪，被判处有期徒刑 6 个月，缓刑 1 年，并处罚金 3000 元。

二、案例分析

（一）未取得砍伐许可证伐木的，可能构成滥伐林木罪

刑法第三百四十五条第二款规定："违反森林法的规定，滥伐森林或者其他林木，数量较大的，处三年以下有期徒刑、拘役或者管制，并处或者单处罚金；数量巨大的，处三年以上七年以下有期徒刑，并处罚金。"

根据《最高人民法院关于审理破坏森林资源刑事案件具体应用法律若干问题的解释》第五条的规定，违反森林法的规定，具有下列情形之一，数量较大的，依照刑法第三百四十五条第二款的规定，以滥伐林木罪定罪处罚：（1）未经林业行政主管部门及法律规定的其他主管部门批准并核发林木采伐许可证，或者虽持有林木采伐许可证，但违反林木采伐许可证规定的时间、地点、数量、树种、方式，任意采伐本单位或者本人所有的森林或者其他林木的；（2）超过林木采伐许可证规定的数量采伐他人所有的森林或者其他林木的。林木权属争议一方在林木权属确权之前，擅自砍伐森林或者其他林木，数量较大的，以滥伐林木罪论处。

本案中，覃某虽通过购买的方式取得了林木的所有权，但其没有取得砍伐许可证，故其砍伐行为构成滥伐林木罪。

（二）如何认定滥伐林木罪

《最高人民法院关于审理破坏森林资源刑事案件具体应用法律若干问题的解释》第六条规定："滥伐森林或者其他林木，涉案林木具有下列情形之一的，应当认定为刑法第三百四十五条第二款规定的"数量较大"：（一）立木蓄积二十立方米以上的；（二）幼树一千株以上的；（三）数量虽未分别达到第一项、第二项规定标准，但按相应比例折算合计达到有关标准的；（四）价值五万元以上的。"

本案中，覃某在没有取得砍伐许可证的情况下，砍伐林木达 16.7197 立方米，已达到入罪标准，构成滥伐林木罪。

（三）犯滥伐林木罪后如何获得从轻处罚

刑法第六十七条第一款规定："犯罪以后自动投案，如实供述自己的罪行

的，是自首。对于自首的犯罪分子，可以从轻或者减轻处罚。其中，犯罪较轻的，可以免除处罚。"根据刑法第七十二条的规定，犯罪情节较轻、有悔罪表现的，可以适用缓刑。

本案中，覃某犯罪后主动投案并如实供述罪行，是自首。其自愿签署《认罪认罚具结书》，并主动补种林木，具有悔罪表现，覃某良好的认罪态度使其免除牢狱之灾。

三、防范（或维权）建议

（1）砍伐林木需按照法律规定取得砍伐许可证，并按照砍伐许可证规定的时间、地点、数量、树种砍伐树木。

（2）砍伐林木时，应确保林木权属无争议。林木权属有争议的，应等确权后再砍伐。

（3）涉嫌犯罪后，应端正态度，积极弥补犯罪造成的损失。

第七章　农产品供应链

【学习目标】1. 了解农产品在初加工、贮运、物流与销售（线上、线下）等过程中常见的法律问题；2. 认识农业生产经营中知识产权等方面相关的法律风险；3. 了解处理常见法律纠纷的程序。

案例 56　种植回收合同不是合伙

一、基本案情

云南某公司与贵州某公司签订了《番茄种子收购协议》，贵州某公司收购云南某公司的番茄种子。

为了能按照约定交付种子，云南某公司找到了农户庞某某，与其签订了《番茄种子种植回收合同》，由云南某公司提供技术指导，庞某某提供田地和负责种植。等到种子收获后，云南某公司以约定好的价格收购符合标准的种子。

经过庞某某的努力，番茄种子按时收获，云南某公司也依照约定回收了符合标准的种子，但要等到把种子卖给贵州某公司后才能付钱给庞某某。随后云南某公司承包了一辆货车将番茄种子运往贵州。但是在运输的过程中发生车祸，番茄种子全部损毁。贵州某公司没收到番茄种子便拒绝支付货款，云南某公司因此也没能将回收种子货款付给庞某某。

庞某某以云南某公司回收了他的番茄种子没付钱为理由起诉至法院，要求云南某公司付清全部货款，云南某公司则辩称双方是合伙关系，应当共同承担风险，发生车祸导致种子损毁的损失应当由双方一起承担。

经人民法院审理，认定庞某某与云南某公司签订的是种植回收合同，云南某公司收购了番茄种子就应当支付全部货款。

二、案例分析

（一）什么是合伙合同

民法典第九百六十七条规定："合伙合同是两个以上合伙人为了共同的事业

目的，订立的共享利益、共担风险的协议。"合伙的基本特征是合伙人之间共同出资、共同经营、共享收益、共担风险。

（二）什么是种植回收合同（协议）

种植回收合同是指一方提供技术指导、技术或者种苗产品，保证成品达到一定标准，另一方负责种植，种植成品由提供技术方保价回收的合同，只要回收了种植成品，就应当支付货款。

农户庞某某与云南某公司签订的协议属于种植回收合同（协议），该合同不符合合伙合同的基本特征，所以本案应为种植回收合同纠纷。只要云南某公司回收了番茄种子，就应当支付全部货款，种子回收后在运输途中的风险则应当由云南某公司承担。

三、防范（或维权）建议

（1）农户在签订合同时应当仔细核对合同内容，有约定价格回收种植成品的内容一般是种植回收合同，没有约定价格回收种植成品且有共同承担风险的内容的一般是合伙合同。

（2）作为回收的一方，要承担回收后再销售或运输途中的风险。建议与购买方明确约定由谁负责运输，运输途中的风险由谁承担，有条件的可以购买相应的保险。

案例 57　水果因仓储人保管不当受损，怎么办

一、基本案情

黄某有一批青提葡萄需租用冷库进行降温（打冷），故与李某达成口头仓储协议：约定租用李某的冷库 3 天，租库费用 1000 元。黄某于 2016 年 8 月 15 日下午开始将收购的葡萄陆续入库，至 8 月 16 日晚结束。8 月 18 日黄某组织车辆准备运输时发现葡萄出现掉粒、腐烂的情况，故拒绝按约定期限装车提货。

后查明是李某冷库制冷未达到要求导致葡萄损坏的。由于双方就赔偿事宜一直协商未果，为降低损失，黄某只能将葡萄低价处理，最终销售款仅 18000 元。综上，黄某起诉要求李某赔偿直接经济损失 27000 元，间接损失 13000 元。

经审理，法院判决李某将 1000 元的冷藏仓储费退还给黄某，以赔偿黄某仓储约定期间内的损失，对黄某主张的其他经济损失不予认定。

二、案例分析

（一）货物保管方应按约定履行保管义务，违约需承担赔偿责任

民法典第九百零七条规定："……保管人验收后，发生仓储物的品种、数量、质量不符合约定的，保管人应当承担赔偿责任。"

本案黄某与李某之间属于仓储合同纠纷，双方的口头协议合法有效。李某在履行仓储义务时发现冷库温度未达到冷藏葡萄的适宜温度，未及时、快速地采取补救措施，导致在约定期限内出现葡萄掉粒的情况，李某存在过错。

（二）存货方应就货物特性向保管方进行说明，尽到明确告知的义务

民法典第九百零六条第一款规定："储存易燃、易爆、有毒、有腐蚀性、有放射性等危险物品或者易变质物品的，存货人应当说明该物品的性质，提供有关资料。"第五百九十一条第一款规定："当事人一方违约后，对方应当采取适当措施防止损失的扩大；没有采取适当措施致使损失扩大的，不得就扩大的损失请求赔偿。"

本案黄某未将水果易变质的特性明确告知李某，且逾期提货。故黄某自身存在过错，其要求李某赔偿低价处理葡萄而产生的损失法院不予支持；在约定仓储期满后，黄某拒绝提货，李某仍继续为黄某冷藏保存葡萄至黄某提货之日止，视为采取了适当的措施防止损失的扩大。

（三）要求他人承担赔偿责任，需提供受到损失的证据

黄某没有证据证明葡萄收购、销售的数量和金额，包装、运输、人工等费用的产生依据，也未通过第三方机构对损失进行鉴定确认，因此法院认为黄某所提交的证据无法确定黄某的具体损失。

三、防范（或维权）建议

（1）有存储货物需求的，应与对方签订书面《仓储合同》，并在合同中对下列基本事项进行明确约定：货物的特性、存储条件、货物存储的时间、仓储费用、货物出现损坏时的责任如何承担等。

（2）合作方为个人的，建议保存对方的身份证复印件；还应注意保管合同履行过程中的单据，如采购货物的采购单、货物入库单、出库单、货物运输单等。

（3）如货物受损，只能低价进行处理的，应妥善保存低价处理货物的单据，以便后续作为证据，要求赔偿。一旦发现货物受损，应立即拍照取证，如有必要可聘请鉴定机构对损失进行鉴定。

（4）双方就赔偿事宜协商不成的，可以聘请律师通过诉讼方式解决。

案例 58 委托他人运输的水果出现损耗，怎么办

一、基本案情

蔡某与刘某签订了一份货物运输合同，约定由刘某从广西凭祥将蔡某购买的菠萝蜜运往嘉兴市水果市场，装货发车时间为 2018 年 3 月 27 日，刘某应在 2018 年 3 月 30 日 5 点前把货物顺利送到目的地；全程运费为 21000 元；刘某在运输途中要确保运输柜内温度为 6 ～ 10℃。

合同还提示刘某：运输途中请按要求打冷，拍照温度；到目的地后拍摄温度照片、开柜照片、货物照片，装货之前请预冷，刘某送达货物后应押车 3 天。2018 年 3 月 28 日，刘某驾驶该车辆到蔡某指定地点将菠萝蜜装车。2018 年 3 月 29 日，蔡某与其下游采购方梁某通过微信交流并确定这批货物可卖 300000 元。

2018 年 3 月 30 日，蔡某发现车内菠萝蜜出现腐烂变质，遂抓紧销售最终出售菠萝蜜得款 150000 元。蔡某根据刘某提供的行车后台温控数据明细等材料得知，货柜内温度从 2018 年 3 月 28 日起柜内平均温度为 15.7℃，远远高于合同约定的保鲜温度上限，至 2018 年 3 月 30 日抵达水果市场时该批菠萝蜜已在此温度条件下运输 15 个小时。

综上，蔡某主张刘某未按合同约定控温，导致菠萝蜜腐烂，蔡某起诉要求刘某赔偿 150000 元货损。

经审理，法院判决由刘某承担货损 80% 的责任，其余货损由蔡某自行负担。

二、案例分析

（一）本案蔡某与刘某之间形成运输合同关系，双方已经在合同中对菠萝蜜的运输条件进行了明确约定

（二）刘某作为货物的承运人，未按照合同约定，在运输过程中未履行保证货物质量的义务，应承担赔偿责任

民法典第八百三十二条规定："承运人对运输过程中货物的毁损、灭失承担赔偿责任。但是，承运人证明货物的毁损、灭失是因不可抗力、货物本身的自然性质或者合理损耗以及托运人、收货人的过错造成的，不承担赔偿责任。"第八百三十三条规定："货物的毁损、灭失的赔偿额，当事人有约定的，按照其约定；没有约定或者约定不明确，依据本法第五百一十条的规定仍不能确定的，按照交付或者应当交付时货物到达地的市场价格计算。法律、行政法规对赔偿额的计算方法和赔偿限额另有规定的，依照其规定。"

作为承运人，刘某在运输过程中未尽到控温保证货物质量的义务才导致了货损的发生。但因为双方约定在包装完好的情况下，内部货损风险由货主（即蔡某）承担，蔡某不能提供充足的证据证明菠萝蜜在装车时都是质优完好的，运输途中货物也可能产生损耗等原因，故法院作出刘某承担货损 80% 责任的判决。

三、防范（或维权）建议

（1）委托他人进行货物运输，应该与对方签订书面《运输合同》，并在合同中对下列基本事项进行明确的约定：货物的特性、存储条件、运输时间、运输费用、出现货物损坏的责任如何承担等。

（2）建议在将货物交付给运输人时，要求运输人签署验收货物合格确认单，对货物的包装及数量等进行确认。

（3）如货物受损，需要低价进行处理的，应妥善保存低价处理货物的单据，以便后续作为证据，要求赔偿。

（4）一旦发现货物受损，立即拍照取证，如有必要可聘请第三方机构对损失进行鉴定确认。

（5）双方就赔偿事宜协商不成的，可以聘请律师通过诉讼方式解决。

案例 59　物流公司弄丢或弄坏货物，如何处理

一、基本案情

2021 年 11 月 20 日，胡某委托某物流公司将苹果、红枣等水果自新疆运送至广西某县，胡某将所需快递物品全部交给物流公司位于新疆营业部的快递员，由物流公司检查物品完好无损后包装运输。胡某支付了货物保价费及快递服务费共计 9910 元。

胡某在广西某县接收货物时发现物品的外包装损坏、压烂，以及丢件。某物流公司的快递员要胡某作异常签收后，拉走所有货物。胡某就损坏的货物向某物流公司申请理赔，德邦物流公司某县营业部的快递员上门拍照检查后，确认 97 箱苹果及红枣损坏的事实。

物流公司对胡某丢失、损坏的红枣进行了理赔，但对损坏的价值 5820 元的苹果未予处理。胡某认为物流公司在承运过程中损坏了自己托运的货物，导致的损失应该由物流公司承担，故起诉要求物流公司赔偿 5820 元。

经审理，法院判决物流公司全额赔偿胡某的损失 5820 元。

二、案例分析

（一）物流公司未尽到及时安全送达快件的合同义务，应赔偿收货人的损失

依据民法典第八百零九条"运输合同是承运人将旅客或者货物从起运地点运输到约定地点，旅客、托运人或者收货人支付票款或者运输费用的合同"、第八百一十一条"承运人应当在约定期限或者合理期限内将旅客、货物安全运输到约定地点"和第八百三十二条"承运人对运输过程中货物的毁损、灭失承担赔偿责任。但是，承运人证明货物的毁损、灭失是因不可抗力、货物本身的自然性质或者合理损耗以及托运人、收货人的过错造成的，不承担赔偿责任"的规定，本案物流公司是货物的承运人，胡某是收货人，双方形成运输合同关系。胡某在发现货物受损后，立即联系某物流公司的快递员上门拍照检查，并对货物损坏的事实采取上报异常签收处理措施，及时固定了证据。物流公司未尽到及时安全送达快件的合同义务，存在重大过失，应当全额赔偿胡某的损失5820元。

（二）"三倍资费"赔偿只适用于提供邮政普遍服务的邮政企业，而其他物流企业不属于邮政企业，为经营性、营利性企业，故不能适用未保价商品最高赔偿不超过邮费三倍的规定

现实中，有些物流公司会主张根据《中华人民共和国邮政法》第四十七条第一款第二项"未保价的邮件丢失、损毁或者内件短少的，按照实际损失赔偿，但最高赔偿额不超过所收取资费的三倍"的规定来降低赔偿金额。但实际上，《中华人民共和国邮政法》第四十七条仅适用于中国邮政集团公司及其提供邮政服务的全资企业、控股企业。即其他不属于邮政企业的企业，为经营性、营利性企业，弄丢或弄坏货物，寄件人可以要求物流公司赔偿所受的实际损失。

三、防范（或维权）建议

（1）建议寄件人仔细阅读物流公司的保价规则后选择物流公司以及是否保价。

（2）如邮寄的物品属于贵重物品，建议保留物品照片、购买票据、寄件面单等，便于对物品价值进行举证。

（3）一旦发现物品受损或丢失，可先向邮政管理机构投诉，立即拍照取证，如有必要可聘请第三方机构对损失进行鉴定确认。双方就赔偿事宜协商不成的，可以聘请律师通过诉讼方式解决。

案例 60 约定回收萝卜，合作社反悔了，怎么办

一、基本案情

秦某与合作社于 2020 年 9 月 25 日签订了《合作社 + 农户订单种植合作协议》，协议约定秦某种植 8 亩水果白萝卜，萝卜成熟后由合作社以每千克 1.3 元的价格进行回收。同时，协议约定："甲乙双方应共同遵守本协议，如一方违约，违约方赔偿守约方违约金每亩 1 万元，违约金应在 10 天内偿付，否则按逾期付款处理，任何一方不得自行用扣款来冲抵。"

协议签订后，秦某按照约定进行了萝卜种植。但合作社在收购萝卜 2980 千克后，以萝卜质量不合格为由拒绝继续收购。秦某找到第三方质量认证中心对自己的萝卜进行了质量鉴定，鉴定结果各项指标均合格。

由于秦某的农田一直被种植的萝卜占据，影响下一季庄稼种植，故秦某只能将萝卜全部挖出堆放。堆放的萝卜由于没有得到及时处理而腐烂。秦某在种植萝卜过程中共产生人工费、土地承包费、肥料费等共计 5200 元。故秦某起诉至法院，要求合作社承担违约金 80000 元。

本案属于种植、养殖回收合同纠纷，法院最后判决合作社向秦某支付违约金 24000 元，对秦某超出此金额的诉讼请求不予支持。

二、案例分析

（一）种植、养殖回收合同的概念及分类

（1）种植、养殖回收合同是指由一方提供技术指导、技术或者种苗产品（种子、动物家禽幼苗），甚至种植、养殖饲料，保证成品达到一定标准，另一方负责喂养、种植，成品由提供技术方保价回收的合同。

（2）种植、养殖回收合同有以下常见形式：保值类合同，按技术员要求种植和管理，保证最低亩产收益，超出部分双方分成；返租倒雇类合同，技术员将农户土地返租，农户是雇工，依据技术员要求生产，农户除了得到土地租金外还可得到劳动报酬，技术、资金承包，资金、技术投入归技术员，生产管理归农户，收入双方按比例分成。

（二）约定的违约金过分高于造成的损失的，人民法院或者仲裁机构可以根据当事人的请求予以调整

民法典第五百七十七条规定："当事人一方不履行合同义务或者履行合同义务不符合约定的，应当承担继续履行、采取补救措施或者赔偿损失等违约责

任。"第五百八十五条规定："当事人可以约定一方违约时应当根据违约情况向对方支付一定数额的违约金，也可以约定因违约产生的损失赔偿额的计算方法……约定的违约金过分高于造成的损失的，人民法院或者仲裁机构可以根据当事人的请求予以适当减少……"法院根据秦某与合作社签订的合同约定，参考秦某种植面积、种植萝卜需支付土地承包费用、人工费用、购买农药及肥料等情况，酌定合作社按照每亩 3000 元的标准赔偿秦某违约金。本案虽合作社主张秦某种植的萝卜品质不合格，但其未提供证据证明，应当自行承担举证不利的后果。

三、防范（或维权）建议

（1）农户作为种植、养殖方，在签订此类合同时，应对下列事项进行明确约定：约定各个环节产生的费用（如种苗费用、租赁费、肥料费及人工费等）由哪一方承担；如出现种植、养殖的成品未达到要求如何处理；明确约定如发生违约事项的违约金标准。

（2）保存好种植、养殖过程中各项支出费用的发票及单据。

（3）实践中，有不法分子通过搞"共享农业"、办"合作社"等手段，许以高额回报，引诱农户参与投资。农户在开展上述业务时，必须认真审查对方的真实身份和履约能力，以规范的合同取代口头约定等简易交易习惯。

（4）一方出现违约行为且不愿进行赔偿的，守约方可以通过诉讼方式解决。

案例 61　收了定金却交不出货有什么后果

一、基本案情

2022 年 8 月 28 日王某订购李某的水果，将李某自家产的李子全部收购，王某给李某拿去水果箱 509 个，每个价值 20 元，并向李某支付定金 5000 元。2022年 8 月 30 日，由于李某违约，王某拒绝收购。后王某多次与李某催要定金及水果箱，至今未果。

王某诉至法院，要求李某双倍返还定金 10000 元，并返还水果箱 509 个或按照每个水果箱 20 元的价值给付水果箱款 10180 元。

法院支持王某全部诉讼请求，判决李某双倍返还王某定金 10000 元，并返还水果箱或按照每个水果箱 20 元的价值赔付。

二、案例分析

（一）交定金的一方违约，无权要求返还定金；收定金的一方违约，应双倍返还定金

民法典第五百八十六条规定："当事人可以约定一方向对方给付定金作为债权的担保。定金合同自实际交付定金时成立。定金的数额由当事人约定；但是，不得超过主合同标的额的百分之二十，超过部分不产生定金的效力。实际交付的定金数额多于或者少于约定数额的，视为变更约定的定金数额。"第五百八十七条规定："债务人履行债务的，定金应当抵作价款或者收回。给付定金的一方不履行债务或者履行债务不符合约定，致使不能实现合同目的的，无权请求返还定金；收受定金的一方不履行债务或者履行债务不符合约定，致使不能实现合同目的的，应当双倍返还定金。"

本案属于定金合同纠纷，王某与李某之间的水果收购合同合法有效，李某未按约定履行应尽的义务已经构成合同违约，应承担违约责任，故王某可要求李某支付双倍定金。

（二）水果箱属于王某，李某应返还

根据民法典第二百三十五条"无权占有不动产或者动产的，权利人可以请求返还原物"的规定，本案中的水果箱为王某所有，王某可以要求李某退还或按价值赔偿。

（三）如何区分定金和预付款

实践中，订金、预付金、诚实信用金等都是预付款的别名。如合同约定的是"预付款"，收款方退还预付款即可。但如果约定的是"定金"，则收款方应当双倍返还定金。如给付的意思不明确或依法不能认定具备定金条款或定金合同的，应当推定为预付款。

三、防范（或维权）建议

（1）合同中的款项未明确款项的性质，或者未写明"定金"字样的，双方容易产生纠纷。注意区分款项性质是定金还是预付款，定金不得超过主合同标的额的20%。由于定金合同是从实际交付定金之日起生效的，故合同当事人应约定在定金合同签订之日起一定期限内交付定金。

（2）一方出现违约行为，双方就赔偿事宜协商不成的，可以通过诉讼方式解决。

案例 62 交货后买方不给钱，怎么办

一、基本案情

金某向成某销售黄豆 200 件，合计金额 52800 元，成某出具欠条 1 份，确认：收到黄豆合计 52800 元，货款未付。后金某曾多次与成某微信联系要求其支付 52800 元货款，成某均回复"知道了，晚一点""我还在安徽，明天回来给你好吧"等。

由于成某一直拖欠货款，故金某起诉要求成某支付货款 52800 元并按全国银行间同业拆借中心公布的一年期贷款市场报价利率（LPR）标准为基础，加计 50% 支付利息。

本案经法院审理，判决成某支付货款 52800 元，并按照 1.5 倍 LPR 支付利息。

二、案例分析

（一）收货方收到货物后，应该履行支付货款的义务

民法典第五百七十七条规定："当事人一方不履行合同义务或者履行合同义务不符合约定的，应当承担继续履行、采取补救措施或者赔偿损失等违约责任。"法院认为，本案双方形成买卖合同关系，虽然没有签订书面买卖合同，但金某的诉请有欠条为证。欠付货款的事实，成某已在欠条中予以认可，成某应向金某支付货款 52800 元。

（二）双方未约定买方逾期付款违约金的计算标准，可要求买方以 LPR 标准为基础，加计 30% ～ 50% 支付逾期付款损失

根据《最高人民法院关于审理买卖合同纠纷案件适用法律问题的解释》第十八条第四款的规定："买卖合同没有约定逾期付款违约金或者该违约金的计算方法，出卖人以买受人违约为由主张赔偿逾期付款损失，违约行为发生在 2019 年 8 月 19 日之前的，人民法院可以中国人民银行同期同类人民币贷款基准利率为基础，参照逾期罚息利率标准计算；违约行为发生在 2019 年 8 月 20 日之后的，人民法院可以违约行为发生时中国人民银行授权全国银行间同业拆借中心公布的一年期贷款市场报价利率（LPR）标准为基础，加计 30% ～ 50% 计算逾期付款损失。"

三、防范（或维权）建议

（1）开展货物买卖业务的，应该与对方签订书面合同，并在合同中对下列

基本事项进行明确的约定：货物的单价、数量及质量等基本要素；货物运输费用的承担、收货地址及付款时间等；出现货物质量不合格及逾期付款的违约责任。

（2）注意了解合作方的资信（如在合同中载明对方身份信息；交易金额较大的，可协商要求付款方提供抵押物）。

（3）注意保管合同履行过程中的单据，如采购货物的采购单、货物运输单及发票等。

（4）一旦发现货物受损，立即拍照取证，固定证据并书面通知对方，如有必要可聘请第三方机构对损失进行鉴定确认。

（5）双方就赔偿事宜协商不成的，可以通过诉讼方式解决。

案例 63　收购的农产品质量不合格，怎么处理

一、基本案情

2021 年 5 月 20 ～ 25 日，李某先后 3 次共出售价值 36348 元的西红柿给青青公司，有李某通过微信发给青青公司法定代表人的供货单为证，但青青公司以货物质量不合格为由，一直未支付货款。故李某起诉至法院，要求青青公司支付货款 36348 元及逾期付款利息。

庭审过程中，青青公司认可与李某之间的西红柿买卖业务属实，对货款金额未提出异议。但青青公司提出反诉，主张李某销售的西红柿存在青皮或变色后花皮等质量问题，销售给下游客户后被退货，导致李某销售的西红柿全部坏掉，青青公司要求李某赔偿因此造成发货及退货运费损失 10200 元、人工费及包装费损失 1800 元，共计 48348 元。

法院经审理判决青青公司向李某支付货款 36348 元及逾期利息，对青青公司提出的反诉请求不予支持。

二、案例分析

（一）买方收到货物后应及时检验质量是否合格

民法典第六百二十一条规定："……当事人没有约定检验期限的，买受人应当在发现或者应当发现标的物的数量或者质量不符合约定的合理期限内通知出卖人。买受人在合理期限内未通知或者自收到标的物之日起二年内未通知出卖人的，视为标的物的数量或者质量符合约定；但是，对标的物有质量保证期的，适用质量保证期，不适用该二年的规定。出卖人知道或者应当知道提供的标的物不符合约定的，买受人不受前两款规定的通知时间的限制。"

本案李某与青青公司构成买卖合同关系，双方就买卖的西红柿未约定检验期限。但李某与青青公司的微信聊天记录及双方所在的微信群聊天记录显示，李某于 2021 年 5 月 20 日给青青公司供货后，青青公司的工作人员当天虽在微信群中提出西红柿青的问题，但青青公司未向李某提出质量异议。

（二）出现货物不合格的情况应立即通知卖方，协商退换货事宜并及时收集证据

本案在西红柿在销售期间，出现下游客户退货的情况后，李某曾称如有需要第一车就往回退时，青青公司的法定代表人未要求退货，仅陈述因为质量问题，有亏损；后续交涉中，李某也告知青青公司，不好的货可以拉回来，但青青公司仍未要求退货；后因退货太多，青青公司告知李某没法结算，并称退货、停止合作，但最终未实际退货。

本案青青公司已对李某出售的西红柿进行验收，发现存在质量问题时，未固定证据，且主张西红柿不合格的证据不足，故法院判其应向李某支付货款及逾期付款利息。

三、防范（或维权）建议

（1）开展货物买卖业务的，应该与对方签订书面合同，并在合同中对下列基本事项进行明确的约定：货物的单价、数量及质量等基本要素；货物运输费用的承担及收货地址；出现货物质量不合格情况的违约责任。

（2）注意保管合同履行过程中的单据，如采购货物的采购单、货物运输单及发票等。

（3）如货物受损，应妥善保存低价处理货物的单据，以便后续作为证据，要求赔偿。

（4）一旦发现货物受损，立即拍照取证，通知对方并固定证据，如有必要可聘请第三方机构对损失进行鉴定确认。

（5）双方就赔偿事宜协商不成的，可以通过诉讼方式解决。

案例 64　自有商品宣传图中可否使用他人的美术作品

一、基本案情

蜂农老张与几个朋友一起开了一家小蜜蜂有限公司，在天猫上售卖蜂蜜。为了让自己的蜂蜜更加吸引人，老张决定要设计一个特别的蜂蜜罐包装。这天，老张在浏览一个服装品牌时看到一张非常好看的卡通蜜蜂图片，便直接把图片下

载，做了一些简单修改后就用到了蜂蜜罐的外包装上。

网店的生意一直不错，小蜜蜂有限公司卖出了不少蜂蜜。但有一年，老张突然收到了法院寄来的起诉状，原来那家服装品牌公司看到老张在售卖的蜂蜜罐包装中使用了自己创作的图片，便以小蜜蜂有限公司侵犯著作权为由起诉至法院，要求赔偿损失。

最终，法院判决小蜜蜂有限公司销毁所有侵犯著作权的商品库存，并赔偿服装品牌公司经济损失 6 万元。

二、案例分析

（一）在商品外包装上随意使用他人的美术作品属于侵犯他人著作权的行为

服装品牌公司提交了涉案图片的电子源文件和他们通过新浪微博发表美术作品的事实，法院认定在无相反证据的情况下，可以认定服装品牌公司拥有涉案美术作品著作权，其合法权利依法应受到保护。

小蜜蜂有限公司在天猫店铺展示、销售的商品上印制的图案主体与服装品牌公司的美术图片主体基本一致，仅个别细节存在差异，构成实质性相似。因此，法院认定小蜜蜂有限公司侵犯了服装品牌公司对涉案作品享有的署名权、复制权、信息网络传播权。

（二）侵犯他人著作权要承担什么责任

根据《中华人民共和国著作权法》（以下简称"著作权法"）第五十二条的规定，侵犯著作权的行为，应当根据情况，承担停止侵害、消除影响、赔礼道歉、赔偿损失等民事责任。因此法院判决小蜜蜂有限公司销毁所有侵犯著作权的商品库存，并赔偿服装品牌公司经济损失。

《最高人民法院关于审理著作权民事纠纷案件适用法律若干问题的解释》第二十五条第一款规定："权利人的实际损失或者侵权人的违法所得无法确定的，人民法院根据当事人的请求或者依职权适用著作权法第四十九条第二款的规定确定赔偿数额。"

在本案中，法院在计算损失赔偿时，认定截至 2017 年 6 月，小蜜蜂有限公司对涉案蜂蜜的销售量达 14962 件，销售额接近 70 万元。综合考虑侵权行为的性质、主观过错程度、网店销售记录及售价、服装品牌公司为制止侵权所支出的合理费用等因素，酌定本案赔偿数额为 6 万元。

三、防范（或维权）建议

（1）提高著作权意识，在制作商品外包装或其他宣传图片时，要核实图片的版权来源，不能未经他人许可随意使用他人的美术作品，特别是未经许可使用带有他人署名或水印的图片。

（2）只是对图片进行简单修改后便进行使用，也可能侵犯他人的著作权。最好能够使用自己原创的图片，或者通过支付版权费获得著作权人许可后再使用。

（3）作为拥有著作权的一方，在作品创作完成后及时保存证据，如作品的底稿、原件，或向版权登记中心登记获得著作权登记证书等。发现他人侵犯自己的著作权时，要及时保存侵权的相关证据。

案例65　种植大户在播种后可以保留种子吗

一、基本案情

喜洋洋种业科技有限公司为水稻新品种"南粳1111"的独占实施许可人。种植大户刘某购买了"南粳1111"水稻种子，种植后发现长出来的水稻产量比其他品种高，为了能够长期种植该种水稻，刘某便留下了1000多亩的水稻种子。

喜洋洋种业科技有限公司发现后，将刘某告上了法院，要求刘某停止侵权行为并赔偿经济损失50万元。

最终，法院判决刘某立即停止侵害喜洋洋种业科技有限公司"南粳1111"水稻种子的独占实施许可权，并赔偿喜洋洋种业科技有限公司经济损失50万元。

二、案例分析

（一）为什么要保护植物新品种

种子作为农业的"芯片"，是保障国家粮食安全的关键。培育一个新品种，需要投入大量的人力、物力和财力，凝聚了育种人大量的智慧和心血，"植物新品种"是与发明专利、商标、著作权等并列的一种知识产权形式，并且在我国农业知识产权中处于核心地位。因此，加强植物新品种的保护力度，才能推动种业自主创新，促进农业高质量发展。

（二）种植大户在播种后能不能保留种子

种子法第二十九条规定："在下列情况下使用授权品种的，可以不经植物新品种权所有人许可，不向其支付使用费，但不得侵犯植物新品种权所有人依照本法、有关法律、行政法规享有的其他权利：（一）利用授权品种进行育种及其他科研活动；（二）农民自繁自用授权品种的繁殖材料。"

基于农业种植留种的传统和普通农民种植的需求，种子法特别规定了上述农民留种权，即允许农民将购买的受植物新品种权保护的农作物种子种植后，在其收获的农作物中按照来年种植所需留存恰当数量的种子，以便用于来年耕种，且无需农民支付许可费用。换句话说，农民无需经过品种权所有人授权就能留存下一年的用种。

但是在本案中，法院认为刘某经营的土地面积多达 1000 余亩，从刘某享有经营权的土地面积、种植规模、粮食产量以及收获粮食的用途来看，已远远超出普通农民个人以家庭为单位、依照家庭联产承包责任制承包土地来进行种植的范畴，不再仅仅是为了满足其个人和家庭生活的需要，而是具有商业目的。

因此，如果允许刘某播种上述面积土地所使用的繁殖材料均由自己生产、自己留种，而无需向品种权所有人支付任何费用，无疑会给品种权利人造成重大经济损失，损害其合法权益。因此，刘某的情形不属于法律规定的"农民自繁自用"情形，应当取得案涉品种权利人的同意，并向品种权所有人或经授权的企业或个人支付费用。而刘某私自保留种子的行为侵犯了喜洋洋种业科技有限公司的植物新品种权，应当承担赔偿责任。

三、防范（或维权）建议

（1）"农民自繁自用"适用的主体是以家庭联产承包责任制的形式签订农村土地承包合同的农民个人，不包括合作社、种粮大户、家庭农场等新型农业经营主体。除农民个人外均不能私自保留种子。

（2）农民自繁自用的种子用途应以自用为限，除法律规定的可以在当地集贸市场上出售、串换自繁自用剩余常规种子外，不能通过各种交易形式将生产、留用的种子提供给他人使用。

（3）合作社、种粮大户、家庭农场等新型农业经营主体如果在种植后想要保留种子，应当取得该植物新品种所有权人的同意，并向品种所有权人或经授权的企业或个人支付费用。

案例 66　云南产的苹果能使用"阿克苏苹果"商标吗

一、基本案情

2019 年的某一天，新疆阿克苏地区苹果协会发现在某市某水果批发市场的老马水果经营部正在销售纸箱上印有"阿克苏苹果"字样的苹果。于是，阿克苏地区苹果协会便到公证处申请保全证据公证，并委托一人到老马水果经营部购买了外包装标识有"阿克苏苹果"字样的水果一箱，由公证人员见证上述购买过程，并对摊位的地理位置、外观、货物摆放情况及所购货物进行拍照留证。

随后，阿克苏地区苹果协会根据上述证据起诉至法院，要求老马水果经营部立刻停止销售该种苹果，并赔偿阿克苏地区苹果协会经济损失 5 万元。

最终，法院判决老马水果经营部立即停止销售侵害阿克苏地区苹果协会第"5918994 号"注册商标专用权的商品的行为，并向阿克苏地区苹果协会赔偿经济损失 30000 元。

二、案例分析

（一）在销售的产品上使用地理标志应符合产地要求且向商标权人提出申请并经许可

"阿克苏苹果"是很多人熟悉的新疆地理标志品牌产品，商标法第十六条第二款规定："……地理标志，是指标示某商品来源于某地区，该商品的特定质量、信誉或者其他特征，主要由该地区的自然因素或者人文因素所决定的标志。"对于地理标志产品，其保护范围、分级、产地环境条件等均有相应的国家标准。

"阿克苏苹果"商标由阿克苏地区苹果协会控制并负责监督管理，用以证明苹果的原产地和品质。要使用涉案商标，必须同时满足两个条件：一是生产、销售的苹果必须来自阿克苏市特定区域范围内且产品品质符合特定要求；二是必须向阿克苏地区苹果协会提出申请并经许可。

老马水果经营部销售的苹果来自云南，根本不是产自阿克苏地区，不符合使用"阿克苏苹果"地理标志的资格。

（二）冒用地理标志商标应承担侵权责任

在本案中，老马水果经营部销售的苹果外包装处最能彰显该地理特征的主要元素为该商标中所含的"阿克苏苹果"字样，且在文字、读音、含义方面均与阿克苏地区苹果协会注册的商标元素相似，容易让老百姓误认为涉案苹果原产于阿克苏地区，并因相信该商品符合"阿克苏苹果"所具有的特定品质而进行购买。但是，老马水果经营部的苹果实际上产自云南，根本不属于新疆阿克苏地区生产的苹果。

根据商标法第五十七条第二、第三项规定，未经商标注册人的许可，在同一商品上使用与其注册商标近似的商标，或者在类似商品上使用与其注册商标相同或近似的商标，容易导致混淆的；销售侵犯注册商标专用权的商品的，均属于侵犯注册商标专用权的行为。因此，老马水果经营部的行为侵犯了阿克苏地区苹果协会的商标专用权，应承担相应的侵权责任。

三、防范（或维权）建议

（1）符合地理标志集体商标使用条件的主体，可以按照原产地规定申请使用，但不能转让或许可给该地区以外的主体或未被授权的生产商。

（2）不能假冒他人原产地名称，擅自制造或者销售他人原产地证明商标标识或印有原产地名称的商品包装物。

（3）在销售印有地理标志产品时，应当要求供货者出示其合法使用该地理标志的相关证据，并保留销售单、转账凭证等证据，用以证明自己已尽到审慎义务。

案例67　假冒别人的注册商标构成犯罪吗

一、基本案情

2018年11～12月期间，胡某在未经大橙子公司许可的情况下，联系印刷厂家制作印有"大橙子"牌滴灌带外包装，然后包装在其收购的陈旧滴灌带上进行销售。胡某将783捆假冒大橙子商标的滴灌带销售给中间商张某某，张某某又分别销售给甲种子化肥门市288捆、乙种植专业合作社295捆、丙种子门市200捆，胡某销售所得共计16.27万元。

2018年12月26日，大橙子公司销售部门工作人员将涉案线索举报至市场监督管理部门。经鉴定，涉案假冒大橙子商标的滴灌带市场价格共计19.1835万元。

2019年10月15日，某市人民法院以假冒注册商标罪判处被告人胡某有期徒刑1年，缓刑2年，并处罚金5万元，涉案783捆滴灌带予以没收。一审宣判后，被告人胡某未上诉，判决已生效。

二、案例分析

（一）什么行为会构成假冒注册商标罪

刑法第二百一十三条规定："未经注册商标所有人许可，在同一种商品、服务上使用与其注册商标相同的商标，情节严重的，处三年以下有期徒刑……"

什么程度属于情节严重呢？《关于办理侵犯知识产权刑事案件具体应用法律若干问题的解释》第一条规定："……具有下列情形之一的，属于刑法第二百一十三条规定的'情节严重'……（一）非法经营数额在五万元以上或者违法所得数额在三万元以上的；（二）假冒两种以上注册商标，非法经营数额在三万元以上或者违法所得数额在二万元以上的；（三）其他情节严重的情形。"

因此，假冒注册商标并达到上述情形的，就有可能构成假冒注册商标罪。在本案中，胡某未经注册商标所有权人大橙子公司的许可，在同一种商品上使用与其注册商标相同的商标，且销售所得共计16.27万元。其行为构成假冒注册商标罪。

（二）构成假冒注册商标罪会受到什么处罚

刑法第二百一十三条的规定："未经注册商标所有人许可，在同一种商品上使用与其注册商标相同的商标，情节严重的，处三年以下有期徒刑或者拘役，并处或者单处罚金；情节特别严重的，处三年以上七年以下有期徒刑，并处罚金。"

在本案中，胡某的情况属于情节严重的情形，综合其量刑情节，法院对其判处有期徒刑一年，缓刑二年，并处罚金五万元的刑罚。

三、防范（或维权）建议

（1）应提高自我保护意识，及时进行商标注册。在发现他人侵犯自己的注册商标时，要积极维护自己的合法权益。

（2）不能在同一种商品上使用与他人的注册商标相同的商标。

（3）不能在同一商品上使用与他人的注册商标近似的商标，或者在类似商品上使用与他人注册商标相同或近似的容易导致混淆的商标。

（4）为侵犯他人商标专用权的行为提供便利条件或帮助他人实施侵犯商标专用权可能构成侵犯知识产权犯罪的共犯。例如为其提供生产、制造侵权产品的主要原材料、辅助材料、半成品、包装材料、机械设备、标签标识、生产技术、配方等，或者提供互联网接入、服务器托管、网络储存空间、通讯传输通道、代收费、费用结算等服务。

案例68　商家在网络平台上遇到恶意投诉，怎么办

一、基本案情

王某和江某均为淘宝店铺经营者，其中，江某从未获得涉案商标的使用授

权。然而，江某却先后两次假冒注册商标权人，以王某经营的店铺销售侵犯商标权的假货为由，分别向阿里巴巴知识产权保护平台提出投诉与反申诉，导致涉案商品链接被删除、王某店铺遭受搜索降权处罚及营业额大幅下降的后果。

于是，王某为维护自身合法权益向法院提起诉讼，要求江某赔偿因商品链接被删除而产生的经济损失、其他合理费用及本案诉讼费用，共计 803 万元。

经审理，法院判决江某赔偿王某经济损失 210 万元（包括王某为制止侵权行为所支付的合理开支）。

二、案例分析

（一）从经营范围、内容等方面判断，王某和江某之间存在竞争关系

本案中，王某经营的涉案淘宝店铺与江某经营的淘宝店铺经营的网络服务内容及网络用户群体相同，具有高度重合性。因此，双方存在直接竞争关系。

（二）江某的行为属于恶意投诉行为，应承担相应的法律责任

江某在明知自己未获得涉案商标权人的授权的情况下，先后两次假冒注册商标权人进行投诉，主观上存在明显的恶意，客观上实施了投诉行为，并且，该投诉行为与王某遭受损失之间具有因果关系，江某的行为属于一种恶意投诉，具有不正当性，江某应承担相应的法律责任。

（三）商家可依据电子商务法的规定要求恶意投诉人江某承担赔偿责任

《中华人民共和国电子商务法》（简称"电子商务法"）第四十二条第三款规定："因通知错误造成平台内经营者损害的，依法承担民事责任。恶意发出错误通知，造成平台内经营者损失的，加倍承担赔偿责任。"可见，我国法律对于恶意投诉行为设置了惩罚性赔偿规则，遭受恶意投诉的商家可依据电子商务法第四十二条第三款的规定要求恶意投诉人加倍承担赔偿责任。

三、防范（或维权）建议

（1）经营中注意保留好能够证明店铺合法经营、销售的货物具有合法来源的证据。若发现订单异常，应及时与买家联系并保留好沟通记录；若遭受恶意投诉，还应保留好能够证明在恶意投诉期间营业额减少的相关证据。

（2）遭受恶意投诉，应立即向电商平台提交不存在侵权行为的初步证据，及时要求平台恢复产品链接。若平台未恢复或被认定投诉成立，商家不服的，可向人民法院提起诉讼。

（3）若发现恶意投诉人与自身存在竞争关系，可依据电子商务法和《中华人民共和国反不正当竞争法》（简称"反不正当竞争法"）向法院提起诉讼，要求恶意投诉人赔偿损失。

案例 69 商家发现主播利用刷单获取服务费，怎么办

一、基本案情

某农产品商家与某文化传媒有限公司于 2020 年 7 月 22 日签订《营销服务合同》，约定直播 3 万元，佣金 10%，保底销售额为 20 万元。2020 年 7 月 23 日，某农产品商家向该文化传媒有限公司支付 3 万元，备注：直播带货保额 20 万。同年 8 月 4 日该文化传媒有限公司安排主播在快手平台直播，仅开了一场时长为 20 多分钟的直播，下单数便达到了 801 单，商品单价为 880 元。

然而，经了解发现，实际付款的仅 7 单，当日退款 6 单。从数据上看，该文化传媒有限公司并未完成承诺的 20 万元销售额；并且，诸多买家均称 2020 年 8 月 4 日并无在快手平台上购买东西，直播存在刷单的情况，故某农产品商家诉至法院要求该文化传媒有限公司返还服务费。

经审理，法院判决该文化传媒有限公司返还某农产品商家服务费（扣除被告已完成的 1 单销售额服务费）。

二、案例分析

（一）《营销服务合同》合法有效应受法律保护

本案中，某农产品商家与某文化传媒有限公司均具有完全行为能力，所签订的合同系双方真实意思表示，且没有违反法律、行政法规的强制性规定，不违背公序良俗，符合民法典第一百四十三条的规定，本案中的《营销服务合同》合法有效，应受到法律的保护。

（二）被告某文化传媒有限公司未按合同约定完成产品销售额属违约行为，因合同目的无法实现，某农产品商家有权解除合同并要求该文化传媒有限公司退回服务费

根据民法典第五百六十三条的规定，商家可以解除合同；第五百六十六条的规定，合同解除后，尚未履行的，终止履行；已经履行的，根据履行情况和合同性质，当事人可以请求恢复原状或者采取其他补救措施，并有权请求赔偿损失。合同因违约解除的，解除权人可以请求违约方承担违约责任，但是当事人另有约定的除外。

三、防范（或维权）建议

（1）在选择合作机构或主播时，应注意数据造假问题。直播带货看似光鲜的数据，可能只是一场虚假繁荣，不要被夸大的数据所蒙骗。

（2）应提前对合作机构或主播进行背景调查，了解其规模、实力以及过往

相关行业运营经历。

（3）在合同上，销售指标应当包含真实销售金额，可约定在未完成指标的情形发生时，除按比例返还服务费等营销费用外，还应当根据销售额或商铺利润额按比例赔偿商家可预期利益损失，提高合作机构或合作主播的违约成本。

（4）如果大量交易存在显著的异常情况，则应根据订单时间、买家情况、发货情况等多种因素审查是否存在虚假交易，并注意保留相关证据。

案例 70　面对平台的不合理限制或附加不合理条件，怎么办

一、基本案情

A 公司系农产品销售公司，其在甲平台和乙平台上均有设立店铺。甲平台与乙平台具有竞争关系，故甲平台要求 A 公司只能接受其一家提供的平台服务，A 公司对此予以拒绝。

此后，甲平台通过对 A 公司做下线处理，或提高服务费收取标准、下调星级指数、通过技术手段限制交易等，强制 A 公司在甲平台和乙平台之间进行"二选一"。甲平台的一系列限制手段，导致 A 公司的销售业绩下滑明显。A 公司遂向市场监督管理局投诉，经调查，市场监督管理局最终对甲平台作出罚款的行政处罚决定。

二、案例分析

（一）平台胁迫商家进行"二选一"，属不正当竞争行为

反不正当竞争法第十二条的规定："经营者利用网络从事生产经营活动，应当遵守本法的各项规定。经营者不得利用技术手段，通过影响用户选择或者其他方式，实施下列妨碍、破坏其他经营者合法提供的网络产品或者服务正常运行的行为：（一）未经其他经营者同意，在其合法提供的网络产品或者服务中，插入链接、强制进行目标跳转；（二）误导、欺骗、强迫用户修改、关闭、卸载其他经营者合法提供的网络产品或者服务；（三）恶意对其他经营者合法提供的网络产品或者服务实施不兼容；（四）其他妨碍、破坏其他经营者合法提供的网络产品或者服务正常运行的行为。"

（二）平台存在滥用优势地位进行不合理限制的情形，违反了电子商务法的规定

电子商务法第二十二条规定："电子商务经营者因其技术优势、用户数量、对相关行业的控制能力以及其他经营者对该电子商务经营者在交易上的依赖程度等因素而具有市场支配地位的，不得滥用市场支配地位，排除、限制竞争。"

电子商务法第三十五条规定："电子商务平台经营者不得利用服务协议、交易规则以及技术等手段，对平台内经营者在平台内的交易、交易价格以及与其他经营者的交易等进行不合理限制或者附加不合理条件，或者向平台内经营者收取不合理费用。"

（三）平台应停止其违法行为并对商家损失进行赔偿

反不正当竞争法第二十四条规定："经营者违反本法第十二条规定妨碍、破坏其他经营者合法提供的网络产品或者服务正常运行的，由监督检查部门责令停止违法行为，处十万元以上五十万元以下的罚款；情节严重的，处五十万元以上三百万元以下的罚款。"

本案中，平台的技术限制，导致 A 公司销售业绩下滑。在 A 公司能够证明其遭受的损失与平台不正当竞争行为具有因果关系的情况下，可以要求平台赔偿损失。

三、防范（或维权）建议

（1）商家在遭遇平台"二选一"胁迫时，应注意收集、保留证据，包括但不限于与平台的沟通记录、商品销售数据等，可以向市场监督管理局投诉，通过市场监督管理局的主动调查获取电商平台实施不正当竞争行为的证据，为提起诉讼做好准备。

（2）可向法院起诉，要求平台赔偿因其不正当竞争行为而遭受的损失。

案例 71　商家直播卖货应如何规避虚假宣传的风险

一、基本案情

某商家通过淘宝直播推广某果蔬汁。凭借自身对该果蔬汁的了解，在直播推广中，该商家强调果蔬汁具有四大益生元，还有三大可溶性膳食纤维，对于解决便秘等肠道问题具有很强的功效性。

事后，市场监督管理局认为该商家直播商品的功效性没有法定的科学依据和其他合法有效的证明，是虚假商业宣传，误导了消费者，故责令该商家停止虚假宣传误导行为，并罚款 20 万元。

二、案例分析

（一）商家的行为足以造成消费者误解，对消费者的购物选择产生实质影响，可以认定为虚假宣传行为

电子商务法第十七条规定："电子商务经营者应当全面、真实、准确、及时

地披露商品或者服务信息，保障消费者的知情权和选择权。电子商务经营者不得以虚构交易、编造用户评价等方式进行虚假或者引人误解的商业宣传，欺骗、误导消费者。"

本案中，某商家不仅是电子商务经营者，还是广告主，在平台上进行直播卖货，夸大、虚构商品功效的行为，还应受到广告法、反不正当竞争法的规制。

（二）市场监督管理局责令某商家停止虚假宣传并处罚款的行为，符合法律规定

反不正当竞争法第二十条第一款规定："经营者违反本法第八条规定对其商品作虚假或者引人误解的商业宣传，或者通过组织虚假交易等方式帮助其他经营者进行虚假或者引人误解的商业宣传的，由监督检查部门责令停止违法行为，处二十万元以上一百万元以下的罚款；情节严重的，处一百万元以上二百万元以下的罚款，可以吊销营业执照。"本案中，市场监督管理局依照该条法律对某商家作出了处罚，于法有据。

三、防范（或维权）建议

（1）规范宣传话术，避免使用"国家级""最好""最先进科学"等极限用语，不在功能、产地、用途、质量、规格、价格、生产者等方面作不实宣传或夸大宣传，不误导消费者作出选择。

（2）商家应明确约定规范主播的言行，对文案进行严格把关，尤其在介绍产品信息、功能效用等方面，要确保信息真实。

（3）商家要合理营销，对直播营销素材进行妥善保管，建议在营销前，将宣传文案交由法务部门或专门律师审核，确保不违反广告法、电子商务法等相关规定。

案例 72　因质量问题与职业打假人发生纠纷，可少赔吗

一、基本案情

张某的淘宝网店铺专门销售一种风干肉。某日，王某在张某的店铺购买了10袋风干肉（活动价98元/袋），不久后，王某找到张某询问风干肉属于什么动物的肉，得到"黄牛肉干"的回答后，王某遂向市场监督管理局投诉，经调解无效后提起诉讼。

在该案诉讼过程中，王某提供的照片显示购买的风干肉为竖条小袋包装，

下端有牛奔腾状的图样。而张某提供的检测报告称："送检的风干鸭肉（五香味），符合风干肉制品规定要求。"

庭审中，张某辩称王某属于职业打假人，不属于一般意义上的消费者，不应适用食品安全法，王某主张的支付价款十倍或者损失三倍的赔偿没有法律依据。经审理，法院判决张某向王某支付价款十倍的赔偿金。

二、案例分析

（一）张某向王某出售的风干肉，并非其承诺的黄牛肉干，是欺诈行为，应当承担赔偿责任

《最高人民法院关于审理食品安全民事纠纷案件适用法律若干问题的解释（一）》第十一条规定："生产经营未标明生产者名称、地址、成分或者配料表，或者未清晰标明生产日期、保质期的预包装食品，消费者主张生产者或者经营者依据食品安全法第一百四十八条第二款规定承担惩罚性赔偿责任的，人民法院应予支持，但法律、行政法规、食品安全国家标准对标签标注事项另有规定的除外。"

食品安全法第一百四十八条第二款规定："生产不符合食品安全标准的食品或者经营明知是不符合食品安全标准的食品，消费者除要求赔偿损失外，还可以向生产者或者经营者要求支付价款十倍或者损失三倍的赔偿金；增加赔偿的金额不足一千元的，为一千元。但是，食品的标签、说明书存在不影响食品安全且不会对消费者造成误导的瑕疵的除外。"

本案中，张某销售给王某的风干肉属预包装食品，其包装上未标明生产者名称、地址、成分或者配料表，亦未清晰标明生产日期、保质期。王某可按照食品安全法第一百四十八条第二款规定要求惩罚性赔偿。

（二）即便王某是职业打假人，也不排除上述法律的适用，李某仍应承担赔偿责任

《最高人民法院关于审理食品药品纠纷案件适用法律若干问题的规定》第三条规定："……生产者、销售者以购买者明知食品、药品存在质量问题而仍然购买为由进行抗辩的，人民法院不予支持。"因餐饮、食品行业直接与公民的生命健康权相关，在该领域的职业打假在一定程度上起到了监督作用，本案中，对买家为职业打假人的主张不是有利的抗辩理由。

三、防范（或维权）建议

（1）在经营过程中，应加强对食品安全、质量、包装、标识、广告宣传等

方面的合规审查。对内，食品商家作为经营者，应当保证销售的商品无质量问题，销售的实物与标签标注一致；对外，在宣传过程中避免使用极限词语，避免出现与药品相混淆的用语或夸大商品的效用。

（2）应定期检查，对于问题商品及时下架或召回处理，对于有问题的广告宣传及时删除。若销售生鲜，还应考虑在运输过程中食品变质的可能性等。

（3）若被投诉，应当配合执法机关，了解执法机关调查认定的事实及性质，充分向执法机关陈述自己的意见，争取在处理结果上得到宽大处理。

案例 73　商品宣传视频被盗用了，怎么办

一、基本案情

甲公司系抖音平台入驻商家，在平台开设网店用于销售刺梨、菠萝、橙子等水果。某日，该商家发布了一条名为"你知道刺梨的真正好处吗？"的短视频，并在该视频中附上商品链接，销量十分火爆。原来与甲公司同为销售刺梨水果的乙公司看到后，擅自盗用了该视频，并引导观看用户购买其橱窗产品。

甲公司发现后，遂诉至法院，要求乙公司停止侵害并赔偿经济损失。其间，甲公司提交了视频拍摄表、拍摄费用、《主播达人合作协议》等证据，经审查，甲公司的主张均得到法院的支持。

二、案例分析

（一）甲公司系本案短视频的制作者，享有该视频的著作权

本案的权利作品为短视频，是指在各种互联网新媒体平台上播放的、适合在移动状态观看的视频内容。一般情况下，该类视频不会出现专门制作的署名或权属声明。本案中，甲公司提交了与涉案视频出镜人签订的相关协议，并通过抖音 App 登录了原视频发布账号，可以推定甲公司为涉案短视频的制作者。

（二）乙公司的行为侵害了甲公司对作品享有的信息网络传播权，应停止侵权、赔偿损失

著作权法第十条第十二项规定："信息网络传播权，即以有线或者无线方式向公众提供，使公众可以在其选定的时间和地点获得作品的权利。"民法典第一千一百八十五条规定："故意侵害他人知识产权，情节严重的，被侵权人有权请求相应的惩罚性赔偿。"

本案中，乙公司通过抖音账号使用被诉侵权视频，侵害了甲公司对涉案作品

享有的信息网络传播权，乙公司应当承担停止侵权、赔偿损失的法律责任。

三、防范（或维权）建议

（1）提高知识产权意识，一方面是保护自身的知识产权不被别人侵犯，发现被侵权时及时处理；另一方面是在宣传过程中要注意评估使用的素材是否侵犯了他人的知识产权。

（2）商家可以在制作的视频中明确视频制作人，并注意妥善保存视频制作的相关材料。

（3）若发现无意侵犯了他人的知识产权，应及时处理，停止侵权，并积极与权利人协商，妥善处理，避免产生恶劣影响。若发现别人侵犯了自己的知识产权，应先取证再维权，并及时向相关平台进行举报投诉。若通过平台无法解决，可以起诉至人民法院。

第八章　农业金融与财税

【学习目的】1. 了解农业经营生产涉及的保险、借贷、融资担保以及税务方面的法律知识；2. 认识农业经营生产涉及保险、借贷、融资担保以及税务等相关风险；3. 具备金融涉税风险防范意识。

案例 74　借款月息 2% 高不高

一、基本案情

农民李某与农民王某系好友，均在村里种植柑橘。2018 年 10 月 10 日，王某因购买肥料资金不够周转，向李某借钱，双方签订《借款合同书》，约定王某向李某借款 5 万元，月息 2%，借款用途为购买农资，于 2021 年 2 月 12 日前偿还。到期后，王某按约偿还利息，但未能偿还本金。李某将王某诉至法院。

法院最终判决，王某偿还李某借款本金 5 万元及利息（利息计算方法：以本金 5 万元为基数，从 2021 年 2 月 13 日起至本金清偿之日止，按全国银行间同业拆借中心发布的一年期贷款市场报价利率 4 倍计付）。

二、案例分析

（一）王某与李某之间属于民间借贷

李某不属于金融机构，李某与王某之间的借贷关系，应属于民间借贷。根据民法典第六百六十七条"借款合同是借款人向贷款人借款，到期返还借款并支付利息的合同"的规定，王某的借贷到期后，应向李某归还本金和利息。

（二）本案的利息应如何确定

最高人民法院《关于审理民间借贷案件适用法律若干问题的规定》（2020年第二次修正）第二十五条规定："出借人请求借款人按照合同约定利率支付利息的，人民法院应予支持，但是双方约定的利率超过合同成立时一年期贷款市场报价利率四倍的除外。前款所称'一年期贷款市场报价利率'，是指中国人民银行授权全国银行间同业拆借中心自 2019 年 8 月 20 日起每月发布的一年期贷款市场报价利率。"王某与李某在《借款合同书》中约定了借款的利息，该约定的利息应适用上述法律规定。

近年来，我国对民间借贷受法律保护的最高利息进行了多次调整。目前按 2020 第二次修正的规定执行。本案中，民间借贷约定月利率 2%，已超过最高限额，故法院判决王某支付利息时，按同期全国银行间同业拆借中心公布的一年期贷款市场报价利率的 4 倍计算。

（三）职业放贷有何责任

根据 2019 年 10 月 21 日实施的《最高人民法院、最高人民检察院、公安部、司法部关于办理非法放贷刑事案件若干问题的意见》，刑事诉讼中非法经营罪职业放贷人的标准是"经常性地向社会不特定对象发放贷款"，是指 2 年内向不特定多人（包括单位和个人）以借款或其他名义出借资金 10 次以上，且每次放贷的年化利率超过 36% 的，才算非法经营罪中的职业放贷。故非法经营罪职业放贷人，可能要受刑事处罚。

三、防范（或维权）建议

（1）民间借贷是民间融资渠道的补充。由于民间借贷的利息约定比较混乱，故一定要注意该利息约定不得超过受法律保护的最高利率。如果超出的，可以请求法院予以调整。

（2）对外出借资金时，如果是针对不特定的公众的职业性放贷行为，就属于无资质的从事放贷业务的行为，可能被认定为职业放贷人，签订的借款合同可能会被认定为无效合同，主张的利息、抵押或担保等可能得不到法院的支持，构成犯罪的，还有可能受刑事处罚。

案例 75　借款到期不还，有什么法律责任

一、基本案情

2019 年 9 月，甲农场与乙银行签订了《流动资金贷款合同》及《借款借据》，约定乙银行向甲农场发放贷款 400 万元，借款期限为 2019 年 9 月 30 日至 2020 年 9 月 30 日，年利率为 7.0%。还款方式为按月付息，按计划分期还本金，逾期罚息在利率基础上加收 50%。

丙公司与乙银行签订《抵押合同》，约定丙公司用其名下的房屋为甲农场的债务提供抵押担保，双方办理了抵押登记手续。

丁某与乙银行签订《保证合同》，约定丁某为甲农场的债务承担连带担保责

任。后来，甲农场无法按时还款，乙银行将甲农场、丙公司、丁某等诉至法院。

法院最终判决，甲农场归还乙银行尚欠本金3999800元及利息（含罚息、复利）；乙银行对丙公司名下的房屋在拍卖、变卖或折价所得价款中享有优先受偿权；丁某对上述债务承担连带清偿责任。

二、案例分析

（一）甲农场需要承担还款责任

根据民法典第六百七十五条"借款人应当按照约定的期限返还借款"、第六百七十六条"借款人未按照约定的期限返还借款的，应当按照约定或者国家有关规定支付逾期利息"的规定，甲农场需要承担归还乙银行本金和利息、罚息的责任。甲农场与乙银行之间属于金融借款合同关系，根据合同约定，贷款人有发放贷款的义务，借款人有归还本金及利息的义务，当借款人未能按时还款时，需要承担违约责任，即需要承担合同约定的利息、罚息等。

（二）丙公司需要承担抵押担保的责任

根据民法典第四百一十条第一款"债务人不履行到期债务或者发生当事人约定的实现抵押权的情形，抵押权人可以与抵押人协议以抵押财产折价或者以拍卖、变卖该抵押财产所得的价款优先受偿……"的规定，丙公司用名下的房屋为甲农场提供抵押担保，在甲农场无力还款时，乙银行对丙公司名下的房屋享有抵押权。在实现抵押权时，可在担保债权范围内，就该房在拍卖、变卖或折价所得价款中享有优先受偿权。

（三）丁某需要承担连带担保责任

民法典第六百八十八条规定："当事人在保证合同中约定保证人和债务人对债务承担连带责任的，为连带责任保证。连带责任保证的债务人不履行到期债务或者发生当事人约定的情形时，债权人可以请求债务人履行债务，也可以请求保证人在其保证范围内承担保证责任。"丁某作为担保人，应承担担保责任，在甲农场无力还款时，丁某需要对甲农场的债务承担连带清偿责任。

三、防范（或维权）建议

（1）向银行等金融机构贷款时，应严格按照借款合同约定，按时还款付息，避免逾期而产生相应的利息、罚息，甚至被金融机构起诉至法院。如未能履行法院判决的，将可能被法院列为失信被执行人；如有能力但拒不履行判决的，将可能涉嫌拒不履行判决、裁定罪。

（2）应慎重为他人债务提供抵押或提供担保，一旦债务人无力偿还债务，抵押的财产将可能被拍卖，作为担保人也有被债权人要求承担担保责任的可能。

（3）根据民法典第三百九十二条的规定，如担保人（抵押人）承担了担保责任后，有权向债务人追偿。

案例 76　在空白保证合同上签字需承担责任吗

一、基本案情

2015 年 3 月 19 日，依据农民李某甲的申请，农行某支行和村委会、乡人民政府、县农业局盖章确认的《授信推荐表》及其他相关材料，农行某支行按照正常贷款程序审批同意了李某甲的贷款申请，贷款金额为 40 万元（可循环借款额度）。

同日，农行某支行与李某甲签订了《农户贷款借款合同》，李某甲作为借款人在合同上签字、捺印，邵某、吴某作为担保人分别在合同上签字、捺印，为李某甲提供最高额为 40 万元的连带担保。

同日，农行某支行依约将 40 万元贷款发放至指定的账户。后因李某甲逾期还款，被诉至法院，邵某、吴某被要求承担连带还款责任。邵某、吴某辩称，保证人签字时的借款合同为空白格式合同，邵某、吴某只是为李某甲的父亲李某贷款提供担保，借款人李某甲的信息及签字是后来才补上去的，借款人应为被告李某。

法院最终判决，李某甲归还农行某支行本金 40 万元及利息，邵某、吴某对李某甲的债务承担连带责任。邵某、吴某在承担连带清偿责任后，有权向被告李某甲进行追偿。

二、案例分析

（一）空白保证合同的举证责任

根据《中华人民共和国民事诉讼法》（以下简称"民事诉讼法"）第六十七条第一款"当事人对自己提出的主张，有责任提供证据"的规定，"谁主张，谁举证"。邵某、吴某应对其主张在保证合同上签字的并非其真实意思表示提供相应证据。邵某、吴某因无法提供相应的证据对此予以证明，法院不予采信。邵某、吴某承担举证不能的法律后果。

（二）邵某、吴某需承担连带责任

民法典第六百八十八条规定："当事人在保证合同中约定保证人和债务人对债务承担连带责任的，为连带责任保证。连带责任保证的债务人不履行到期债务或者发生当事人约定的情形时，债权人可以请求债务人履行债务，也可以请求保证人在其保证范围内承担保证责任。"邵某、吴某作为成年人，应当清楚自己为他人借款签字提供担保的法律后果及需承担的责任，即当借款人未能按时还款时，邵某、吴某需要对李某甲的债务承担连带清偿责任。

（三）承担连带还款责任，邵某、吴某的损失如何挽回

邵某、吴某承担责任后，可以向李某甲追偿。

根据民法典第七百条"保证人承担保证责任后，除当事人另有约定外，有权在其承担保证责任的范围内向债务人追偿，享有债权人对债务人的权利，但是不得损害债权人的利益"的规定，邵某、吴某承担保证责任后，可以向李某甲追偿。

三、防范（或维权）建议

（1）为他人债务提供担保时，应根据债务人的财力情况，量力而为。如债务人财务状况不佳的，应谨慎提供担保。

（2）面对空白的保证合同或其他保证文件，不能轻易签字。一旦签字，需要承担相应的法律责任。

（3）在担保过程中，慎重接受债务人变更保证的期间、增加担保金额等要求，以免增加担保的责任。

案例 77　联保贷款的坑怎么防

一、基本案情

2011 年 12 月 19 日，甲农商行与乙合作社、丙合作社、丁合作社签订《小企业联保贷款合同》，合同约定：从 2011 年 12 月 19 日起至 2012 年 12 月 10 日止，贷款人根据任一联保小组成员的申请和贷款人的可能，对任一联保小组成员在认定最高贷款限额 50 万元内分次发放贷款。在此期间和最高贷款限额内，由联保小组的所有其他成员提供连带保证责任，不再逐笔办理保证担保手续，每笔借款的最后到期日不得超过 2012 年 12 月 10 日等。

同日，甲农商行与乙合作社又签订《流动资金借款合同》，合同约定借款金额 50 万元，借款期限 12 个月，借款利率为月利率 9.84‰，签订上述合同当日，甲农商行向乙合作社发放贷款 50 万元。后因贷款逾期，甲农商行将乙合作社、丙合作社、丁合作社诉至法院，要求乙合作社偿还贷款本金及利息，要求丙合作社、丁合作社承担连带给付责任。

法院最终判决，乙合作社归还甲农商行本金 50 万元及利息；丙合作社、丁合作社对乙合作社债务承担连带偿还义务。

二、案例分析

（一）什么是联保贷款

联保贷款一般是指农民、农户或其他工商户组成联保小组，贷款人对联保小组成员发放的，并由联保小组成员相互承担连带保证责任的贷款。联保小组成员，既是借款人，也是联保小组其他成员的连带担保人；同时，联保小组其他成员也是自己的连带担保人。

（二）丙合作社、丁合作社应否对该借款承担连带责任

根据民法典第六百八十八条第一款"当事人在保证合同中约定保证人和债务人对债务承担连带责任的，为连带责任保证"的规定，各方签订的《小企业联保贷款合同》约定，借款人未按本合同的约定履行对贷款人的支付和清偿义务，贷款人有权要求借款人赔偿因其违约而给贷款人造成的损失；要求保证人承担保证责任。甲农商行依照合同约定发放了贷款，乙合作社就负有按时还本付息的义务。现被告乙合作社未按合同约定履行还款义务，已构成严重违约，根据《小企业联保贷款合同》丙合作社、丁合作社应承担连带还款的责任。

（三）联保贷款成员之间的担保责任份额

民法典第六百九十九条规定："同一债务有两个以上保证人的，保证人应当按照保证合同约定的保证份额，承担保证责任；没有约定保证份额的，债权人可以请求任何一个保证人在其保证范围内承担保证责任。"由于丙合作社、丁合作社没有约定保证份额，甲农商行可以请求任何一个保证人在其保证范围内承担保证责任。

三、防范（或维权）建议

（1）联保贷款作为保证责任的一种，在债务人无法履行还款义务时，保证人则需要承担相应的保证责任。故无论保证人的多少，应注意核查联保贷款成员之间的经济状况和信用状况，一旦发现有不利的因素，应谨慎签订类似的联保协议。

（2）为他人担保应做好相应的风险隔离，如要求对方提供相应的反担保。

（3）对于多人共同担保的，最好划分各自的担保责任，仅在自己的责任范围内承担相应的责任，以免被债权人要求任何一个保证人对全部债务承担保证责任。

案例 78　农业保险遭到拒赔时怎么办

一、基本案情

2016 年，甲农业公司向乙保险公司购买了一份稻谷水稻种植保险，为甲农业公司在海南地区种植的 600 亩水稻投保，每亩单位保额 600 元，保险金额 360000 元，保险费 60000 元，保险期限为 1 年。保险合同约定，在保险期限内，因火灾、暴雨、台风、洪水（政府行蓄洪除外）、内涝、泥石流、风灾、雹灾、冻灾直接造成保险水稻植株死亡、稻谷失收（收成不到正常超量 10% 以上）的损失，保险人按照本保险合同的约定负责赔偿。

2016 年 6 月，受强热带气旋影响，台风登陆海南地区，并引发暴风雨，甲农业公司种植的 600 亩水稻大部分倒地，谷粒脱落，损失率 95% 以上。台风灾害发生后，甲农业公司及时将灾情通知了乙保险公司，但乙保险公司拒绝赔偿，因此成诉。

法院判决：乙保险公司赔偿甲农业公司保险金 360000 元。

二、案例分析

（一）什么是农业保险

农业保险是专为农业生产者在从事种植业、林业、畜牧业和渔业生产过程中，对遭受自然灾害、意外事故，疫病、疾病等保险事故所造成的经济损失提供保障的一种赔偿保险。农业保险由保险公司承保，农业生产者可以根据保险公司推出的产品购买相应的保险。

（二）什么是保险责任

《中华人民共和国保险法》第二十三条规定："保险人收到被保险人或者受益人的赔偿或者给付保险金的请求后，应当及时作出核定；情形复杂的，应当在三十日内作出核定，但合同另有约定的除外。保险人应当将核定结果通知被保险人或者受益人；对属于保险责任的，在与被保险人或者受益人达成赔偿或者给付保险金的协议后十日内，履行赔偿或者给付保险金义务……"

本案中，乙保险合同约定的赔付的条件为，暴雨、台风等直接造成保险水稻植株死亡、稻谷失收（收成不到正常超量 10% 以上）的损失。实际上，甲农业公司所投保的稻田，的确受到了台风、暴雨，而且甲农业公司种植的 600 亩水稻大部分倒地，谷粒脱落，损失率 95% 以上，完全符合赔付的条件，最终法院判令乙保险公司赔付甲农业公司保险金 360000 元。

三、防范（或维权）建议

（1）投保有关农业保险，应当认真审阅相关的保险条款。当保险事件出现时，应按照保险合同约定，及时报告保险公司，并提出相应的理赔请求。如保险公司无正当理由拒赔，可向仲裁机构申请仲裁或向法院提起诉讼。

（2）由于农业生产的风险较大，故保险公司推出的农业保险较少，甚至多为政策性的农业保险。农业生产者在从事种植业、林业、畜牧业和渔业生产过程中，可以通过保险公司，或通过农业有关协会、村委会等，了解农业保险的品类，并根据自己的经济能力和所从事种植业、林业、畜牧业和渔业的风险，购买适合自己的保险。

案例79　"三产用地"该由谁来承担房产税

一、基本案情

2008年6月，甲方某村委员会与乙方某商业贸易有限公司（以下简称"商贸公司"）签订土地入股经营合同，约定将21.55亩土地入股，由商贸公司按双方确认的规划出资建盖，在合作开发40年期限内，地上建筑物、绿化、配套设施的使用权及处置权都归乙方所有。商贸公司建成房产后对外出租，房产没有办理产权登记。2017年3月某市稽查局认定商贸公司少缴从租计征房产税20.9万元，作出《税务处理决定书》要求商贸公司补缴税款和滞纳金，同时决定对其追缴少缴房产税税款50%的处罚。商贸公司不服复议决定，认为涉案房产产权人系某村委员会，不应由天为公司缴纳房产税而应由产权人缴纳房产税，遂提起行政诉讼。

审理法院认为，稽查局认定涉案房屋没有产权证，属于产权未确定的意见，于法有据。结合商贸公司实际经营管理涉案房产，以公司名义对外出租房屋、收取租金等案件事实，税务机关按其收取租金的一定比例征收税款，有相应的事实依据，遂判决驳回商贸公司诉讼请求。

二、案例分析

"三产用地"是政府为了解决城市内及周围农民的土地被征用后就业及生活问题而留给农村集体组织用于发展第三产业的集体土地。

（一）房产税纳税主体易成为争议焦点

产生争议的主要原因是对《中华人民共和国房产税暂行条例》第二条第一款的理解各不相同。房屋的产权指房屋的所有权，根据民法典规定，不动产物权的设立、变更、转让和消灭，经依法登记，发生效力。在上述案例中，虽然含有某村委会保留对涉案房屋的所有权的意思表示，但是由于没有办理房产登记，这一约定仅停留在合同层面的权利之上，没有变成物权意义上的不动产所有权。

（二）产权未确定的由使用人承担房产税

因为某村委会不能成为《中华人民共和国房产税暂行条例》第二条中规定的"产权所有人"。参照《国家税务总局关于房屋产权未确定如何征收房产税问题的批复》（大地税一转〔1999〕16号）中关于"对于房屋开发公司售出的房屋，不再在其会计账簿中记载及核算，而购买该房屋的单位未取得产权的，可按产权未确定，由使用人缴纳房产税"的批复规定，税务机关确定房产税纳税义务人，在房屋没有产权证的情况下，一般按"产权未确定"处理，由"使用人缴纳房产税"。

（三）"三产用地"房产税主要有两种计税模式

"三产用地"合作开发中，无论商业形式如何变化，房产税的计税方式无外乎两种模式。一是共担风险、共享收益的合作模式；二是不承担经营风险、只收取固定收益的不动产租赁模式。对于投资联营的房产，按房产余值作为计税依据计征房产税，税率为1.2%；对于以房产投资，收取固定收入，不承担联营风险的，实际上是以联营名义取得房产的租金，应根据有关规定由出租方按租金收入计缴房产税，税率为12%。

三、防范（或维权）建议

（1）"三产用地"不应忽略房产税因素。"三产用地"合作开发过程中，只要该用地上的房产位于城镇规划区域内发生了房产税应税行为，农村集体经济组织也可能承担相应的纳税义务。要提前在合作协议中明确该项税费的承担义务人，避免今后产生争议。

（2）合作前做好房产税税负测算。不同的经营模式会产生不同的房产税税负。把握好"三产用地"合作经营中涉税事宜，并根据相应的商业模式事先进行税负测算，不仅有助于规范商业行为防范经营过程中的涉税风险，更有助于在商业谈判中掌握主动权，通过合同约定实现利益最大化。

案例 80　如何识别直接与农业生产有关的税收

一、基本案情

关于土地使用权租赁相关税收优惠，大都与农业相关。某集体经济组织讨论土地使用权租赁收入，能否享受免征增值税优惠，对此，某集体经济组织咨询了12366纳税服务热线，得到的答复是根据税收相关规定，纳税人租赁土地使用权能否免缴增值税，关键在于流转后土地的用途是否直接用于农业生产。

二、案例分析

（一）土地直接用于农业生产免征增值税

《财政部 国家税务总局关于全面推开营业税改征增值税试点的通知》（财税〔2016〕36号）明确规定，将土地使用权转让给农业生产者用于农业生产，免征增值税。同时，《财政部 国家税务总局关于建筑服务等营改增试点政策的通知》（财税〔2017〕58号）第四条明确规定，纳税人采取转包、出租、互换、转让、入股等方式，将承包地流转给农业生产者用于农业生产，免征增值税。如用于非农业用途，则需要按照不动产经营租赁服务缴纳增值税。

（二）间接用于农业生产的用地不属于免税范畴

要符合土地流转免增值税政策，在土地用途上必须直接用于农业生产，也就是土地应当直接用于农、林、牧、渔生产。而为了农业生产的相关辅助性、间接保障性用地，不属于农业生产用地。例如，甲集体经济组织拥有两块靠近山区的闲置土地，均对外出租。甲集体经济组织将其中一块土地出租给果农用于种植柑橘，租金收入免缴增值税；将另一块土地出租给这些果农用于日常生活起居，并非直接用于农业用途，取得的收入，应按照出租土地使用权缴纳增值税。

三、防范（或维权）建议

（1）在合同中明确土地的涉农用途。签订土地租赁或承包协议时，要明确土地的用途，直接用于农业生产，出让、出租土地使用权的收益将免缴增值税，不会增加出让或出租方额外的经济负担。

（2）由于土地非直接用于农业生产，根据税法规定不属于增值税免税范围，必将影响出让、出租方的经济利益，因此，在合同中必须明确一旦改变土地用途，应当及时通知出租方或土地权属方，且应当在合同中约定清楚相应产生的增值税由谁承担。

案例 81　发现税款交错了，怎么办

一、基本案情

金苹果公司先后根据《财政部 国家税务总局关于若干农业生产资料征免增值税政策的通知》（财税〔2001〕113号）、《中华人民共和国增值税暂行条

例》等有关规定，向税务机关提出减免税申请。税务机关分别作出审批，同意免征金苹果公司 2009 年度、2011 年度的种子销售增值税，同意减免金苹果公司 2012 年度、2013 年度、2014 年度的种子销售增值税。

2012 年 7 月，税务机关向金苹果公司发出纳税评估实地调查通知书，随后发出加收滞纳金通知书，要求金苹果公司补缴 2011 年 12 月 1 ～ 31 日应纳税款和滞纳金，税款限缴日期为 2012 年 1 月 18 日。

2019 年 8 月，金苹果公司向税务局提出申请，要求退还其 2010 年 1 月 14 日至 2014 年 1 月 7 日缴纳的增值税、滞纳金及利息。税务局作出不予退税的决定。金苹果公司不服该决定，申请行政复议，复议机关要求重作行政行为。当地区税务局认为，金苹果公司申请退税时已经超过了 3 年的申请期限，不符合申请退还税款的法定条件，驳回金苹果公司的申请。后金苹果公司不服，提起了行政诉讼。

法院审理后认为，退税事由属于自行发现的情形，金苹果公司应当在结算缴纳税款之日起 3 年内提出退税申请，而金苹果公司于 2019 年 8 月 21 日申请，已经超过法律规定的 3 年期限。故法院驳回金苹果公司的诉讼请求。

二、案例分析

（一）并非销售所有的农产品都免征增值税

《中华人民共和国增值税暂行条例》第十五条第一款"农业生产者销售自产农产品"以及《中华人民共和国增值税暂行条例实施细则》第三十五条"条例第十五条规定的部分免税项目的范围，限定如下：（一）第一款第（一）项所称农业，是指种植业、养殖业、林业、牧业、水产业……"的规定，金苹果公司申请的退税项目属于国家税收法规明文规定的免征增值税项目，可以免征增值税，但不属于法律法规规定范围的应当依法缴税。

（二）法律对税款返还请求权规定了 3 年的时效限制

为了使纳税人权利保护和税收征管的效率得以平衡，《中华人民共和国税收征收管理法》第五十一条规定："纳税人超过应纳税额缴纳的税款，税务机关发现后应当立即退还；纳税人自结算缴纳税款之日起三年内发现的，可以向税务机关要求退还多缴的税款并加算银行同期存款利息，税务机关及时查实后应当立即退还……"

（三）法律对欠缴税款的不同情形也规定了不同的追征期限

《中华人民共和国税收征收管理法》对未缴少缴税款的追征时限作出了规定，一是纳税人、扣缴义务人未缴纳或少缴纳税款是由税务机关的原因造成的，税务机关在 3 年内可以要求补缴税款，但是不得加收滞纳金；二是纳税人、扣缴义务人自身失误，如计算错误等原因，税务机关可以在 3 年内追征税款、滞纳金；有特殊情况，如追征数额较大，追征期可以延长到 5 年；三是纳税人、扣缴义务人存在偷税、抗税、骗税情形的，税务机关追征其未缴或者少缴的税款、滞纳金或者所骗取的税款，不受追征期限的限制。

本案中，金苹果公司由于对涉农增值税免税内容了解不清晰，且不清楚退税时限，怠于行使法律赋予的权利，因此承担败诉的法律后果。

三、防范（或维权）建议

（1）企业经营者尽量多了解些税务知识，自觉提高依法纳税意识。比如本案中除了种子销售外，其他的制种副产品是否应当缴纳增值税，应及时向主管税务部门了解相关法律知识以及最新政策，或向专业人士或者机构咨询法律或政策的适用。

（2）了解自身权利的保障渠道。法律为多征多缴税款提供了解决途径，除了税务机关自行发现纳税人超过应纳税人缴纳税款，税务机关必须立即向纳税人退还税款外，最重要的是纳税人自己发现多缴税款，此种情况纳税人应当自结算缴纳税款之日起 3 年内，向税务机关提出退还的申请，并且可以要求税务机关加算银行同期存款利息；而超过了 3 年时效提出退税申请的，税务机关将不再予以退税。

案例 82　农业企业在哪些情况下会被定性为偷逃税款

一、基本案情

国家税务总局湛江市税务局第二稽查局经检查发现，2018 年 1 月至 2021 年 12 月期间，雷州市农业生产资料公司某农资经营部通过个人银行收款方式收取销售收入，部分收入未开具发票、未在账簿上记载，进行虚假纳税申报，造成少缴当期应纳税款（少缴的增值税税款 1099147.03 元、城市维护建设税税款 46072.25 元和企业所得税税款 66910.86 元）。针对上述事实，湛江市税务局第二稽查局将其定性为偷税。综合考虑违法行为的事实、性质、情节及社会危害程度，该稽查局对该公司少缴税款分别处以 50% 的罚款合计 606065.15 元。

二、案例分析

（一）税法上偷税的认定依据

根据《中华人民共和国税收征收管理法》第六十三条的规定，偷逃税款主要是指纳税人实施了以下三种情形之一的行为：一是纳税人伪造、变造、隐匿、擅自销毁账簿、记账凭证。实践中，常见的行为主要有公司存在两套不一样的账簿分别对内外使用、采用涂改、拼接等方法制作假账簿或者故意丢弃、毁坏账簿不给税务机关查看。二是在账簿上多列支出或者不列、少列收入。例如，不存在的成本却虚构增加成本，应当在账上计的收入却不计入，或者卖得多计账得少。三是经税务机关通知申报而拒不申报或者进行虚假的纳税申报。比如，税务机关已经通知纳税人进行纳税申报，但是纳税人就是不理或者填假的数据。

本案中，该公司某农资经营部通过个人银行收款方式收取销售收入，在账簿不列、少列收入，进行虚假纳税申报的行为，已经构成偷税。针对纳税人偷税的，由税务机关追缴其不缴或者少缴的税款、滞纳金，并处不缴或者少缴的税款50% 以上 5 倍以下的罚款；构成犯罪的，依法追究刑事责任。

（二）刑法上对偷逃税款的认定和处罚

根据刑法的相关规定，纳税人偷逃税款要构成犯罪是指纳税人客观上实施了采取欺骗、隐瞒手段进行虚假纳税申报或者不申报，逃避缴纳税款数额较大且占应纳税额 10% 以上的行为，主观上具有逃避履行纳税义务以及谋取非法利益的故意。经税务机关依法下达追缴通知后，补缴应纳税款，缴纳滞纳金，已受行政处罚的，不予追究刑事责任；但是，五年内因逃避缴纳税款受过刑事处罚或者被税务机关给予二次以上行政处罚的除外。构成逃税罪的，处 3 年以下有期徒刑或者拘役，并处罚金；数额巨大并且占应纳税额 30% 以上的，处 3 年以上 7 年以下有期徒刑，并处罚金。

本案尚未进入刑事程序，如果该公司对税务机关的处罚置之不理，一旦偷逃的税款达到法定比例，该公司的主要责任人就可能面临刑事责任。

三、防范（或维权）建议

（1）收入要记账。有些人认为需要开发票的收入、公户的收入才记账，这是不对的。合作社支付给村民的报酬可以作为工资，也可以作为劳务报酬，一旦确定后，就应按照不同的财税管理模式进行后续管理。

（2）成本要核算清。成本不论是否取得发票，都要记清楚，对不符合税法规定的成本该调整的调整。另外，国家有核定征收政策，对于成本发票确实不好取得的，可以争取申请相关税收待遇。

（3）杜绝虚开发票充成本。不能为充成本，省税而去购买虚开发票，这样可能构成偷税，还会形成更大的法律风险，即构成虚开发票罪；而虚开发票的处罚相比偷逃税款来说更加严重。

案例 83　为何借名收购农产品会被定性为虚开发票

一、基本案情

福胜公司为增值税一般纳税人，主营木片加工购销业务。韦某某为该公司的法定代表人，林某某为该公司办税员兼开票员，二人为夫妻。华某集团公司、祥某公司、叶某木材加工厂在收购木材时，借福胜公司名义，由福胜公司开具发票，并依照票面价值汇款给福胜公司。之后福胜公司再通过"走账"的形式，截留部分款项后，将款项汇回上述公司指定账户。虚开发票的过程是：福胜公司开票员领回农产品发票，再依据销售发票，计算出应当开具的农产品收购发票，将税费控制在 2%～2.5%；随后填写农产品收购发票，以此来抵消税款。虚开的收购发票都是以韦某某 19 名亲友的名义开具的，并依据收购发票的数额将款项汇入 19 名亲友的农业银行卡内，随后转回户头。案发后，韦某某和林某某 2014 年 12 月 18 日被刑事拘留，2015 年 1 月 23 日被逮捕。

经法院审理，认为韦某某、林某某在无货物购销的情况下，为他人虚开增值税专用发票的行为已构成虚开增值税专用发票罪，判决韦某某犯虚开增值税专用发票罪，判处有期徒刑 12 年，并处罚金 20 万元；林某某犯虚开增值税专用发票罪，判处有期徒刑 6 年，并处罚金 10 万元。

二、案例分析

（一）企业直接从农户处收购农产品可以自开发票抵扣税款

为了促进农业发展，减轻农民负担，《中华人民共和国增值税暂行条例》规定农业生产者销售的自产农产品免征增值税。同时，为了保持增值税抵扣链条的完整性，避免农产品收购企业没有进项抵扣不足，实际承担税负后将该部分税负对农产品生产者进行转嫁，从而使得农产品免税政策不能真正惠及农民，《财政部 国家税务总局关于简并增值税税率有关政策的通知》（财税〔2017〕37 号）同时作出了农产品收购企业可以凭借农产品销售发票、自开的农产品收购发票以一定比例计算扣除进项税额的规定。通过该种制度设计保持增值税抵扣链条的完整性，在确保税收优惠政策真正惠及农民的同时，也促进农产品行业的有序发展。

（二）收购二手农产品不同于收购"自产"农产品

本案例中，华某集团公司、祥某公司、叶某木材加工厂在收购木材时，实际上是向福胜公司收购农产品，严格意义上已经不属于"自产"。该种交易模式下，在收购环节，上述企业实质上是从农业生产经营单位、个体经营者、其他单位购进农产品，应按规定向对方索要增值税专用发票、普通发票或代开发票，不得以福胜公司自行开具收购发票。

（三）借他人名义将收购二手农产品变为收购一手农产品，将面临非常大的虚开发票风险

基于真实的收购业务，从农业大户手头收购农产品，将收购二手农产品变为一手产品，也有较大风险。由于零散农户数量较多，又比较分散，大户往往不会向零散农户开具收购凭证，而是对零散农户信息采集，并辅之以过磅单、自产自销证明等材料，连同货物一并运至大型收购企业。由于信息不完整，一旦发生问题，收购企业难以证明自己直接收购农产品的业务真实性，将面临虚开发票的税务处理处罚，甚至刑事责任。

三、防范（或维权）建议

收购企业要避免在这项业务中被定性为虚开发票，关键在于收购农产品的真实性。不能假借公司名义收购农产品并开具发票来抵扣税款，否则不仅面临被税务行政处罚，一旦开具抵扣农产品发票税额超过5万元，还可能面临刑事责任。另外，即使有真实的收购业务也需要在收购环节重点关注以下事项：

（1）要与收购大户签订书面的委托授权书，由其提供收购服务，并支付合理的报酬。

（2）要确保收购大户所提供的散户身份证信息、自产自销凭证信息与真实交易一致。

（3）应保留相应的过磅单、自产自销凭证等原始单据以备检查。

（4）在交易过程中尽到合理注意义务，避免过磅单所载农产品品种、吨数等信息异常，引起税务部门对真实交易的质疑。

附　件：涉农常用合同主要条款

农村土地承包合同

《农村土地承包合同管理办法》（农业农村部令 2023 年第 1 号）于 2023 年 5 月 1 日实施。该办法第十一条规定："发包方和承包方应当采取书面形式签订承包合同。承包合同一般包括以下条款：（一）发包方、承包方的名称，发包方负责人和承包方代表的姓名、住所；（二）承包土地的名称、坐落、面积、质量等级；（三）承包方家庭成员信息；（四）承包期限和起止日期；（五）承包土地的用途；（六）发包方和承包方的权利和义务；（七）违约责任。"承包合同示范文本由农业农村部制定。

农村土地承包合同可参见农业农村部于 2022 年 2 月制定《农村土地（耕地）承包合同（家庭承包方式）》示范文本。

土地经营权流转合同

《农村土地经营权流转管理办法》（农业农村部令 2021 年第 1 号）于 2021 年 3 月 1 日实施。根据该办法规定承包方可以采取出租（转包）、入股或者其他符合有关法律和国家政策规定的方式流转土地经营权。出租（转包），是指承包方将部分或者全部土地经营权，租赁给他人从事农业生产经营。入股，是指承包方将部分或者全部土地经营权作价出资，成为公司、合作经济组织等股东或者成员，并用于农业生产经营。

因此，土地经营权流转合同有出租和入股两类。土地经营权流转合同一般包括以下内容：（一）双方当事人的姓名或者名称、住所、联系方式等；（二）流转土地的名称、四至、面积、质量等级、土地类型、地块代码等；（三）流转的期限和起止日期；（四）流转方式；（五）流转土地的用途；（六）双方当事人的权利和义务；（七）流转价款或者股份分红，以及支付方式和支付时间；（八）合同到期后地上附着物及相关设施的处理；（九）土地被依法征收、征用、占用时有关补偿费的归属；（十）违约责任。

土地经营权流转合同示范文本由农业农村部制定。农业农村部与国家市场监督管理总局于 2021 年 9 月联合制定发布示范文本——《农村土地经营权入股合同》（示范文本）、《农村土地经营权出租合同（示范文本）》，签订合同时可以参照使用，建议有条件的请专业人员进行审查、指导。

合伙合同

合伙合同是指两个以上合伙人为了共同的事业目的，订立的共享利益、共担风险的协议。在生产经营过程中常遇到，涉及面广，可参看文本少。本文介绍合伙合同的主要条款和法律风险把控要点：

（一）合伙人基本情况。合伙人的姓名或者名称、住所，身份证信息；双方应具备民事行为能力，且应具备承担经营风险相应的能力。

（二）合伙事业目的。

（三）合伙经营范围。

（四）合伙人的出资方式、数额和缴付期限。明确合伙人出资方式是合伙人的出资、因合伙事务依法取得的收益和其他财产，属于合伙财产。合伙合同终止前，合伙人不得请求分割合伙财产。

（五）利润分配。约定是按实际出资比例进行分配，还是按认缴出资比例分配；分配办法是否可调整，在什么情况下可调整。

值得注意的是，司法实务中，如合伙协议中约定部分合伙人收回出资本金并按固定比例收取利润，且不承担经营风险的，该约定属于保底性质条款，违背了合伙应当遵循的共负盈亏、共担风险原则，属无效。此种情形下，当事人之间不构成合伙关系，而应成立借贷关系。

（六）亏损分担方式。合伙人对合伙债务承担连带责任。合伙合同需明确各合伙人应当承担合伙债务的份额，以便当某合伙人承担清偿合伙债务的份额超过自己应承担份额时，可向其他合伙人追偿。

（七）合伙事务的执行。按法律规定，合伙人就合伙事务作出决定的，除合伙合同另有约定外，应当经全体合伙人一致同意。因此为提高经营决策效率，合伙合同可明确合伙事务是如何决策；如何表决；哪些事务必须经全体合伙人同意，哪些事务可由代表三分之二以上表决权的合伙人同意即可；合伙事务如何执行，是共同执行还是委托执行合伙人执行。

（八）入伙与退伙。

（九）合伙期限。

（十）争议解决办法。

（十一）合伙合同的解除或终止。

（十二）违约责任。明确约定各方的违约责任。

如合伙开办企业，则按《中华人民共和国合伙企业法》以及《中华人民共和国市场主体登记管理条例》等相关规定，拟定合伙协议，办理登记注册手续。

买卖合同

买卖合同是农业生产生活中最常见的合同之一，合同约定是否清晰、完善影响着合同能否顺利履行。本文介绍买卖合同中的主要条款和法律风险把控要点。

一、合同当事人

在签订买卖合同时，应明确交易双方当事人的信息。交易一方为个人的，应明确其姓名、身份证号码、住址及联系方式等信息；交易一方为单位的，应明确单位名称、统一社会信用代码、法定代表人或负责人、住所、日常联系人、联系方式等信息。交易双方信息的填写尽量详细，如双方发生纠纷，有利于保留证据和将来追责。

二、买卖标的物的基本信息

买卖标的物是合同中卖方所出售的物品。如果标的物约定不明确，就容易产生纠纷。因此，在签订合同时，需要明确约定合同标的物的信息，如标的物的名称、种类、型号、规格、等级、产地、特性等。

此外，还必须注意同名异物和同物异名的情况。如大豆，一般是指黄豆，但有些地方也把黑豆称为大豆。这种情况更需要双方就标的物进行明确约定，必要时，还可配上图片。

三、标的物的数量、价款、质量

（一）数量

合同中需要明确约定标的物的数量、数量的计算方式及单位等。对成套的产品需约定全套产品包含的组成部分，列出备件清单。

（二）价格

买卖合同中标的物的价格，除国家规定必须执行指导价以外的物品，均可以由合同双方约定。因此，合同中需要明确合同单价、总价、单位、货币种类、是否含税等相关信息。

（三）质量

标的物的质量对买方利益有重大影响，合同中应明确约定标的物的质量。

1. 对于有质量标准的标的物，如国际认证标准、国家标准、部门标准、行业标准、企业标准等，应明确适用的质量标准。如没有质量标准，则应对标的物的质量进行详细说明，如规格、尺寸、外观等。

2. 合同应约定标的物的质量检验期限。如果法律法规规定有检验期限，则双方约定的检验期限不应短于法律法规规定的期限；如果法律法规没有规定检验期限，则双方可以自行约定检验期限，但该检验期限应结合标的物性质和交易习惯进行合理约定。

3. 合同应约定验收的方式。如采用当场验收或第三方验收，如何解决退货、换货、修理及验收异议通知等相关问题的内容。

四、交货期限、地点和方式

合同中应明确约定交货的时间或期限、交货地点、交货方式、运输方式及运输费用的承担等内容，应具体且不产生歧义。

五、价款支付的时间、方式

支付合同价款是买方的主要义务，因此合同应明确约定价款支付的条件和时间。付款方式一般分为一次性付款和分期付款。如选择分期付款的，应明确每一期的支付时间和条件。同时还应明确支付方式是现金、转账，还是银行承兑汇票支付，并注明收款人的名称、开户行、账号等信息。

六、违约责任

违约责任是指合同当事人违反合同义务后应向对方承担的民事责任。违约责任条款是确保合同双方均能够履行合同约定义务的必备条款。在买卖合同中，对于卖方，可以约定卖方延期交货、不能交货、交货数量不符合约定、货物的质量不合格等情形的违约责任；对于买方，可以约定买方延期支付货款、不支付货款等情形的违约责任。违约责任的承担方式包括：（1）继续履行；（2）采取补救措施，如修理、更换、重作、退货、减少价款或者报酬；（3）赔偿损失，包括法定的赔偿损失和违约金、定金等约定的赔偿损失。如约定违约金的，可以明确约定违约金的金额，也可以约定因违约产生的损失赔偿额的计算方法。此外，还应当约定解除合同的条件，即什么情况下一方或双方可以解除合同。

将违约责任约定清楚、详细，可以促使当事人遵守合同的义务，当产生纠纷时，也可以更好地保护守约方的合法权益。

违约责任条款范例：

1. 甲方无故逾期交货的、乙方延期支付货款的，每天向对方偿付违约货款额 3‰的违约金。超过 30 天的，对方有权解除合同，并有权要求违约方支付合同总额 10% 的违约金。

2. 乙方如中途退货，应事先与甲方协商，甲方同意退货的，应由乙方偿付甲方退货部分货款总值_____% 的违约金。甲方不同意退货的，乙方仍须按合同规定收货。

3. 如因一方违约，双方未能就赔偿损失达成协议，引起诉讼或仲裁时，违约方除应赔偿对方经济损失外，还应承担对方因诉讼或仲裁所支付的费用（包括但不限于诉讼费、律师费等）。

七、争议解决的方式

争议解决方式条款，是指在履行合同过程中产生争议时各方应如何解决的合同条款。该条款一旦形成，双方就应按照约定执行，且在大多数情况下会排除其他争议解决方式。通常争议解决方式分为两种，即向法院提起诉讼和向仲裁委员会申请仲裁。但是应当注意，诉讼或仲裁只能选择其一。如选择仲裁，应明确具体的仲裁委员会；如选择诉讼，可以选择原告住所地、被告住所地、合同签订地、合同履行地、标的物所在地法院起诉。如在合同中未选择诉讼管辖法院，将按照民事诉讼法的规定，一般由被告住所地或合同履行地法院管辖（但不得违反专属管辖和级别管辖）。

运输合同

运输是农业供应链中重要环节。本文介绍运输合同的主要条款和法律风险把控要点。

一、合同当事人

在签订运输合同时，应明确交易双方当事人的信息。交易一方为个人的，应明确其姓名、身份证号、住址及联系方式等信息；交易一方为单位的，应明确单位名称、统一社会信用代码、法定代表人或负责人、住所、日常联系人、联系方式等信息。交易双方信息的填写尽量详细，如双方发生纠纷，有利于保留证据或将来追责。

二、运输标的物的基本信息

在签订合同时，应明确约定合同标的物的信息。如标的物的名称、种类、型号、规格、等级、产地、特性、包装、运输条件等。货物交付运输时应签订确认单，对上述信息进行确认，必要时还可配上货物图片作为附件。

三、标的物的数量、价款、运输条件

（一）数量

合同中需要明确约定标的物的数量、数量的计算方式及单位等。对成套的产品需约定全套产品包含的组成部分，列出备件清单。

（二）价格

需要明确运输费用总价、单位、货币种类、是否含税等相关信息。

（三）运输条件

在运输合同中应该对货物的运输条件进行明确约定，如货物运输途中对温度及运输交通工具的要求。

四、交货期限、地点和方式

合同中应明确约定交货的时间或期限、交货地点、交货方式、运输方式等内容，应具体且不产生歧义。

五、价款支付的时间、方式

支付合同价款是委托方的主要义务，因此合同应明确约定价款支付的条件和时间。付款方式一般分为一次性付款和分期付款。如选择分期付款的，应明确每一期的支付时间和条件。同时还应明确是现金支付或转账支付，以及收款人的信息。

六、违约责任

违约责任是指合同当事人违反合同义务后应向对方承担的民事责任。违约责任条款是确保合同双方均能够履行合同约定的义务的必备条款。在运输合同中，可以约定运输方延期送达货物或因为货损导致交货数量或质量不符合约定的违约责任，以及委托运输方延期支付运输费用或不支付运输费用的违约责任。

违约责任的承担方式包括：（1）继续履行；（2）采取补救措施，如更换、减少价款或者报酬；（3）赔偿损失，包括法定的赔偿损失和违约金、定金等约定的赔偿损失。如约定违约金的，可以明确约定违约金的金额，也可以约定违约产生的损失赔偿额的计算方法。此外，还应当约定解除合同的条件，即什么情况下一方或双方可以解除合同。

违约责任条款范例：

1. 乙方未按合同规定的时间和要求配车、发运、未按期送达货物的，每逾期 1 天乙方应向甲方支付违约金_____元，并赔偿甲方所有损失（包括但不限于货物损失、因逾期交货客户要求的赔偿等）。

2. 乙方如将货物错运到货地点或接货人，应在合同约定的时间内无偿运至合同约定的地点并对接接货人，并向甲方支付违约金_____元。

3. 运输过程中货物灭失、短少、变质、污染、私自承载其他货物造成甲方货物损坏，乙方应按货物的实际损失（包括货物、包装费、运杂费）赔偿给甲方。

4. 违约方，除承担违约责任外，还应承担守约方因此而遭受的所有直接损失、间接损失及守约方实现债权的费用（包括但不限于诉讼费、保全费、保全保险费、执行费、鉴定费及律师费等）。

七、争议解决的方式

争议解决方式条款，是指在履行合同过程中产生争议时各方应如何解决的合同条款。该条款一旦形成，双方就应按照约定执行，且在大多数情况下会排除其他争议解决方式。

通常争议解决方式分为两种，即向法院提起诉讼和向仲裁委员会申请仲裁。但是应当注意，诉讼或仲裁只能选择其一。如选择仲裁，应明确具体的仲裁委员会；如选择诉讼，可以选择原告住所地、被告住所地、合同签订地、合同履行地、标的物所在地法院起诉。如在合同中未选择诉讼管辖法院，将按照民事诉讼法的规定，一般由被告住所地或合同履行地法院管辖（但不得违反专属管辖和级别管辖）。

仓储合同

一、合同当事人

将货物交付仓储的为委托方，承担仓储义务的为受托方。在签订仓储合同时，应明确交易双方当事人的信息。交易一方为个人的，应明确姓名、身份证号、住址及联系方式等信息；交易一方为单位的，应明确单位名称、统一社会信用代码、法定代表人或负责人、住所、日常联系人、联系方式等信息。交易双方信息的填写尽量详细，如双方发生纠纷，有利于保留证据和将来追责。

二、仓储标的物的基本信息

在签订合同时，应写明仓储物的信息，如货物的名称、种类、型号、规格、等级、产地、特性、包装、仓储条件等。货物交付仓储时应签订确认单，对上述信息进行确认，必要时还可配上货物图片作为附件。

三、标的物的数量、价款、仓储条件

（一）数量

合同中需要明确约定标的物的数量、数量的计算方式及单位等。对成套的产品需约定全套产品包含的组成部分，列出备件清单。

（二）价格

需要明确仓储费用总价、单位、货币种类、是否含税等相关信息。

（三）仓储条件

在仓储合同中应该对货物的仓储条件进行明确约定，如货物仓储的温度要求。

四、储存期限、地点

合同中应明确约定储存的时间或期限、储存地点等内容，应具体且不产生歧义。

五、价款支付的时间、方式

支付合同价款是委托方的主要义务，因此合同应明确约定价款支付的条件和时间。付款方式一般分为一次性付款和分期付款。如选择分期付款的，应明确每一期款项的支付时间和条件。同时还应明确是现金支付或转账支付，以及收款人的信息。

六、违约责任

违约责任是指合同当事人违反合同义务后应向对方承担的民事责任。违约责任条款是确保合同双方均能够履行合同约定的义务的必备条款。在仓储合同中，可以约定仓储方违约导致货损的违约责任，以及委托方延期支付仓储费用或不支付仓储费用的违约责任。

违约责任的承担方式包括：（1）继续履行；（2）采取补救措施，如更换、减少价款或者报酬；（3）赔偿损失，包括法定的赔偿损失和违约金、定金等约定的赔偿损失。如约定违约金的，可以明确约定违约金的金额，也可以约定违约产生的损失赔偿额的计算方法。此外，还应当约定解除合同的条件，即什么情况下一方或双方可以解除合同。

违约责任条款范例：

1. 委托方逾期支付仓储费用的，受托方有权按委托方应缴费用总额的_____‰每日加收逾期付款的违约金。

2. 在货物的仓储保管期间，出现货物灭失、短少、变质、毁损、被盗、被抢、污染等，受托方应按货物的实际损失（包括货物、包装费及运杂费）赔偿。

3. 违约方除承担违约责任外，还应承担守约方因此而遭受的所有直接损失、间接损失及守约方实现债权的费用（包括但不限于诉讼费、保全费、保全保险费、执行费、鉴定费及律师费等）。

七、争议解决的方式

争议解决方式条款，是指在履行合同过程中产生争议时各方应如何解决的合同条款。该条款一旦形成，双方就应按照约定执行，且在大多数情况下会排除其他争议解决方式。

通常争议解决方式分为两种，即向法院提起诉讼和向仲裁委员会申请仲裁。但是应当注意，诉讼或仲裁只能选择其一。如选择仲裁，应明确具体的仲裁委员会；如选择诉讼，可以选择原告住所地、被告住所地、合同签订地、合同履行地、标的物所在地法院起诉。如在合同中未选择诉讼管辖法院，将按照民事诉讼法的规定，一般由被告住所地或合同履行地法院管辖（但不得违反专属管辖和级别管辖）。

承揽合同

承揽合同是承揽人按照定作人的要求完成工作，交付工作成果，定作人支付报酬的合同。承揽包括加工、定作、修理、复制、测试、检验等工作。《民法典》第七百七十一条规定："承揽合同的内容一般包括承揽的标的、数量、质量、报酬，承揽方式，材料的提供，履行期限，验收标准和方法等条款。"

一、合同当事人

合同应明确交易双方的当事人的信息。交易一方为个人的，应明确姓名、身份证号、住址及联系方式等信息；交易一方为单位的，应明确单位名称、统一社会信用代码、法定代表人或负责人、住所、日常联系人、联系方式等信息。交易双方信息的填写尽量详细，如双方发生纠纷，有利于保留证据和将来追责。签订合同前，应提前了解对方履行合同的能力，包括了解对方是否具备签订合同的主体资格、营业执照是否过期、是否被吊销等情况。

二、标的物的基本信息

加工承揽合同的标的是特定的劳动成果，具有特定性。承揽合同的品名或项目必须准确、具体，不得含混或产生歧义，不得使用代号，必须注明全称。签订合同前，应注意加工物是否合法，审查加工物是否法律禁止，是否需经有关部门批准才允许加工，避免出现不必要的法律责任。

三、标的物的数量、质量或技术标准、报酬

承揽合同必须写明标的物的数量、执行标准、代号、编号和标准名称。当事人不得签订没有质量要求和技术标准的合同。

（一）数量

合同中需要明确约定标的物的数量、数量的计算方式及单位等。对成套的产品需约定全套产品包含的组成部分，列出备件清单。

不能确定总的承揽数量的情况时，如果数量过低，则可能导致承揽人的亏损，故承揽人可以要求约定最低采购量，并结合违约责任条款设置违约责任。

（二）质量或技术标准

对标的物的质量规定应当明确、具体。约定不明的，应按照国家标准、行业标准履行；没有国家标准、行业标准的，按照通常标准或符合加工承揽合同目的的特定标准履行。质量是以样品为准的，除了双方封存样品外，还应有样品质量描述的书面材料，以免样品灭失或自然毁损或对样品内部质量有异议而发生纠纷。对于定作人提供了技术资料、图纸或方法的，对资料和图纸的名称、数量和编号都要注明并经双方签字盖章进行确认。

（三）报酬

对于报酬的数额、货币种类、是否含税等应当明确约定。在承揽人提供材料的情况下，明确报酬是否包含原材料费用。对于报酬的支付时间、方式、双方开户银行和账号信息等也应予明确。

四、承揽方式

在承揽合同中应当明确承揽方式，如包工不包料、包工包料等，应与具体的权利义务相对和统一，涉及原材料提供的，应当明确提供原材料的义务方。在该条款中，应当明确约定是否允许承揽人将全部或者部分工作交由第三方，若允许应当明确允许的范围。另外，还应当明确承揽人交付工作成果的时间，可以约定该时间将定作人提供、更换材料的时间以及履行协助义务的时间合理排除在外。

五、原材料的提供以及规格、数量和质量

承揽人提供材料的，应当对材料的规格、数量、质量以及定作人事先知情同意权、检验权进行明确约定。

定作人提供材料的，应当对材料的规格、数量、质量、定作人提供材料的时间以及原材料的消耗定额等进行明确约定，并就承揽人对材料的检验时间、检验不合格的通知义务，以及定作人更换、补齐或者采取其他补救措施等进行明确约定。

另外，可以约定在提供的材料有剩余的情况下，应当返还剩余材料。对于返还的时间、方式和费用承担可以进一步约定。

六、履行期限、地点和方式

当事人双方应当在合同中明确约定标的物的交（提）期限、地点、交付方式以及相应费用的承担。

七、验收标准和方法

应当明确约定验收的标准（一般是按照约定的质量标准进行验收）、验收方式以及验收争议的处理规则等内容。

八、违约责任

违约责任是指合同当事人违反合同义务后应向对方承担的民事责任。违约责任条款是确保合同双方均能够履行合同约定的义务的必备条款。应当全面约定各方违约责任情形，且明确不同违约情形下所应承担的责任。对于定作人而言，主要的违约责任是未按照约定及时足额支付工作报酬的责任、延迟受领工作成果的责任以及在承揽过程中己方原因导致的责任；对于承揽人而言，主要的违约责任则是由未能按照定作人的要求按时、保质、保量完成承揽工作并交付工作成果所带来的责任。

违约责任的承担方式包括：（1）继续履行；（2）采取补救措施，如更换、减少价款或者报酬；（3）赔偿损失，包括法定的赔偿损失和违约金、定金等约定的赔偿损失。如约定违约金的，可以明确约定违约金的金额，也可以约定违约产生的损失赔偿额的计算方法，双方应当在法律规定的幅度内共同确定违约金计算比例。另外，建议约定"如因一方违约，双方未能就赔偿损失达成协议，引起诉讼或仲裁时，违约方除应赔偿对方经济损失外，还应承担对方因诉讼或仲裁所支付的费用（包括但不限于诉讼费、保全费、律师费等）"，若日后产生诉讼，可依据该条款要求违约方承担相关的诉讼费用及律师费用。

九、争议解决的方式

当事人可选择诉讼或者仲裁解决。如选择诉讼，在双方没有约定的情况下，由被告所在地或合同履行地人民法院管辖。

十、订立承揽合同前需要明确约定或认真考虑的几个问题

（一）是否允许承揽人转包

承揽合同具有人身性，强调定作人对承揽人技术、设备、劳力的依附性。因此，我国法律规定承揽人应当以自己的设备、技术和劳力，完成主要工作，但是当事人另有约定的除外。承揽人将其承揽的主要工作交由第三方完成的，应当就该第三方完成的工作成果向定作人负责，未经定作人同意的，定作人可以解除合同。对于辅助性工作，承揽人可以交给第三方完成，但应当就第三方完成的工作成果向定作人负责。

实务中，为防止合同履行风险，双方可以在"承揽方式"条款中约定主要工作、辅助工作的范围，以及明确约定承揽人是否可以转包主要工作和辅助工作。

（二）合同的解除条款

承揽合同是最典型的具有任意解除权的合同。我国法律规定，定作人在承揽人完成工作前可以随时解除合同，造成承揽人损失的，应当赔偿损失。赔偿损失是否包括预期利益以及预期利益如何计算都是需要在合同条款中予以明确。实务中，大致采取如下几种方式：

1. 明确约定任何一方提前解除合同的视为违约，应承担相应的违约责任，明确约定提前解除时的违约金金额或损害赔偿计算方法。

2. 约定履约保证金，确保该保证金能够补偿己方损失。

3. 约定定金，可以约定定作方向承揽方交付定金，定作方提前解除合同的，无权请求返还定金。

（三）是否排除承揽人的留置权

留置权是承揽人在定作人未向其支付报酬或者材料费等价款的情况下享有的

权利，在标的物财产价值较高、用途较大时，定作人可以考虑是否需要约定排除承揽人的留置权。

（四）是否约定保密条款

承揽人在订立和履行承揽合同过程中知悉定作人的商业秘密或技术秘密，如设计图纸、技术资料、专利成果甚至是定作人要求保密的姓名、名称、住所等。如果承担人泄漏或不正当使用该秘密的，将会给定作人的利益带来损害。因此，如果标的物涉及上述情况，定作人应当要求承揽人保守秘密，未经定作人许可，不得留存复制品或者技术资料。

十一、其他程序性条款

其他程序性条款主要包括合同生效、合同份数、合同附件、通知与送达、不可抗力等条款。双方当事人就合同条款协商一致后，必须以书面形式予以表示。经双方法定代表人或经过授权的经办人签章和加盖单位公章或合同专用章后，合同方能生效。

民间借贷合同（借条）主要条款及法律风险点

民间借贷是农业生产生活中常见的融资方式。借贷合同（借条）的约定是否清晰、完善不仅影响着融资能否顺利进行，还关系后续在还本付息时是否产生纠纷。本文主要从借款人的角度，以民间借贷的借贷合同（借条）为例，讲述其中的主要条款和法律要点。

一、借款主体

出借人与借款人必须明确且双方应具备民事行为能力。无民事行为能力人所签订的合同无效。

二、借款用途

在合同（借条）中应当明确借款用途，以及收取借款的指定收款人及账号。如果借款用于赌博、吸毒、贩毒等非法活动的，则不受法律保护。

三、借款金额

借款金额应当要准确。为了避免借款金额不准确的问题，可同时采用大小写方式书写，且确保大小写一致，以防止出现借款金额文字性错误。借款金额与实际出借金额不一致，如出借人在借出时直接扣除利息（俗称"砍头息"）的，应按实际收到的金额为本金。

四、借款利息

借款利息的约定要清晰合法。如无利息约定的，可以明确为无息；如有利息约定的，可以对利息金额或利率计算等方式作明确的约定。根据《最高人民法院关于审理民间借贷案件适用法律若干问题的规定》（2020 第二次修正）第二十五条："出借人请求借款人按照合同约定利率支付利息的，人民法院应予支持，但是双方约定的利率超过合同成立时一年期贷款市场报价利率四倍的除外。前款所称'一年期贷款市场报价利率'，是指中国人民银行授权全国银行间同业拆借中心自 2019 年 8 月 20 日起每月发布的一年期贷款市场报价利率。"借款合同（借条）中所约定的利息应适用上述法律规定。如果还同时约定迟延履行利息或其他违约责任的，利息及其他违约责任叠加后，同样不得超过合同成立时一年期贷款市场报价利率四倍。

如果是事后补写的借款合同（借条），借款人需要注意的是，将利息计入本金计算的，应符合《最高人民法院关于审理民间借贷案件适用法律若干问题的规定》（2020 第二次修正）第二十七条："借贷双方对前期借款本息结算后将利息计入后期借款本金并重新出具债权凭证，如果前期利率没有超过合同成立时一年期贷款市场报价利率四倍，重新出具的债权凭证载明的金额可认定为后期借款本金。超过部分的利息，不应认定为后期借款本金。"

五、还款约定

借款合同（借条）中可以约定借款期限，也可以约定本金、利息归还顺序，收取还款的收款人及账户。借款人应按合同约定按时足额还款。

六、担保条款

借款合同（借条）中可以约定抵押、质押、保证人担保等相关条款。但需要注意的是，保证人身份应当具备民事行为能力，且需在借款合同（借条）签字，或另行签订保证（抵押 / 质押）合同。提供抵押的抵押物应确保不存在抵押、查封、冻结等权利瑕疵，如需登记，应到有关部门进行登记。

七、违约责任

借款合同（借条）中可以约定各方的违约责任。如出借人未能及时放款的责任；借款人未按时还款的违约责任；发生违反约定事项时出借人可以提前收回借款；逾期还款的利息（罚息）计算与支付等。

八、其他

借款合同（借条）中可以约定联系方式、送达条款，以及联系人变更和地址变更条款；同时也可以约定如发生争议的解决条款，明确约定管辖法院或仲裁机构，明确实现债权所必需的如律师费、诉讼费、保全费、诉讼保全险保费等由何方负担。借款合同（借条）后的署名应与实际的出借人、借款人一致，并签署相应的时间。